编 委 会

主　编　张仁汉
副主编　邹　荣　李进云

黄河文化研究

（第二辑）

黄河出版传媒集团
阳　光　出　版　社

图书在版编目(CIP)数据

黄河文化研究. 第二辑 / 张仁汉主编. -- 银川：阳光出版社,2021.9
ISBN 978-7-5525-6065-7

Ⅰ.①黄… Ⅱ.①张… Ⅲ.①黄河流域-文化史-学术会议-文集 Ⅳ.①K292-53

中国版本图书馆CIP数据核字(2021)第173962号

黄河文化研究 第二辑　　张仁汉 主编　邹 荣 李进云 副主编

责任编辑　赵维娟　徐文佳　林　薇
封面设计　王胜泽　张双禄
责任印制　岳建宁

黄河出版传媒集团 阳光出版社 出版发行

出 版 人　薛文斌
地　　址　宁夏银川市北京东路139号出版大厦(750001)
网　　址　http://www.ygchbs.com
网上书店　http://shop129132959.taobao.com
电子信箱　yangguangchubanshe@163.com
邮购电话　0951-5047283
经　　销　全国新华书店
印刷装订　银川银选印刷有限公司
印刷委托书号　(宁)0021782

开　　本　720 mm×980 mm　1/16
印　　张　16.25
字　　数　220千字
版　　次　2021年9月第1版
印　　次　2021年9月第1次印刷
书　　号　ISBN 978-7-5525-6065-7
定　　价　52.00元

序

黄河作为中华民族的母亲河，以其“浪淘风簸自天涯”的洒脱和“奔流到海不复回”的磅礴，孕育着中华民族的信仰，体现着中华儿女的脊梁，蕴藏着深沉的文化传统与历史积淀。黄河文化是中华文明的母体、核心和主干，更是中华民族的根和魂。黄河文化内涵丰富，是当地先民在长期的社会实践中所创造的物质财富和精神财富的总和，包括典章制度、礼仪信仰、生产水平、生活方式、语言文字、风俗习惯、审美情趣、精神面貌、价值取向等等。在当前经济全球化和世界百年未有之大变局的背景下，深入挖掘黄河文化，对构建中华文明标识体系、稳定社会和谐发展、传承发扬中华优秀传统文化和促进世界文明交往交融等方面都具有重要意义。

宁夏是黄河流域唯一贯通全境的省区，黄河之水不仅孕育了“塞上江南”的富庶，而且让宁夏有了历史文化资源和旅游资源的天然优势。“天下黄河富宁夏”，在黄河之水的哺育下，形成了宁夏地域厚重的远古文化遗产、独特的农耕文化遗存、特色的传统文化艺术、多元的人文景观建筑、珍贵的革命文化遗址和灿烂夺目的非物质文化遗产。

临黄河而知中国，鉴往事而知来者。随着历史的发展与社会的进步，黄河文化的精神内涵及探索实践已经不断丰富，在新时代背景下紧密围绕黄河文化主题开展多领域研究已刻不容缓。为此，依托黄河文化在宁夏地域长期发展、不断积累的重要基础，通过充分挖掘黄河文化蕴含的时代价值，积极开展黄河文化研究，讲好“黄河故事”，回答好黄河文化“根和魂”的重要课题，不仅具有时代意义、学术意义和现实意义，而且有利于宁夏文化事业、旅游产业的蓬勃发展。

为切实担负起将宁夏打造为“黄河文化传承彰显区”的时代重任，在宁夏回族自治区文化和旅游厅的支持下，宁夏民族艺术研究所大力挖掘和系统阐释黄河文化蕴含的时代价值，充分践行文学艺术哲学社会科学领域“培根铸魂”的工作使命。

本书内容涵盖黄河文化基础研究、综合研究和应用研究，涉及宁夏地域内黄河文化文献研究、黄河文化主要内容阐述、黄河文化与旅游协同发展研究、黄河文化与非物质文化遗产研究、黄河文化产业发展研究等重点领域，力争研究好新时代的黄河文化课题，为黄河文化的保护、传承和弘扬提供智力支持和理论支撑，充分激发黄河文化在宁夏地域的发展活力，助推宁夏文化和旅游融合向纵深发展。

编委会

2021 年 8 月

CONTENTS 目 录

黄河文化宁夏段的精神内涵及思想研究

黄河文化宁夏段的传承与保护研究

黄河文化宁夏段的文化遗产研究

黄河文化宁夏段的文旅融合研究

黄河文化宁夏段的实践应用及创新研究

黄河文化宁夏段的
精神内涵及思想研究

论历代典籍中有关黄河文化宁夏段的记载

◎ 张春丽

摘　要:在漫长的历史发展中,黄河对宁夏的发展产生了重要影响,黄河深深地影响了宁夏各族群众的生存环境、生产方式、经济贸易方式。生产方式是决定地域文化面貌和性质的主要因素,畜牧文化史、皮毛贸易史在宁夏历代典籍中得到了详细记载,对宁夏历代典籍中的这些记载进行研究,可以了解丰富而辉煌的宁夏文化史。

关键词:宁夏;典籍;黄河文化

在漫长的历史发展中,黄河对宁夏的发展产生了重要影响。黄河在宁夏境内流经银川、吴忠、石嘴山和中卫一带。按照文化人类学的观点,人类文化大多起源于大江大河地带,黄河流经宁夏境内,而宁夏也是中华文化的较早发祥地之一。

宁夏文化史与黄河治理史同步。在黄河没有充分得到治理之前,宁夏中北部一带黄河两岸形成了水草丰茂的草原地带, 这些草原地带促进了宁夏畜牧文化的发展。在黄河得到充分治理,大量的水渠被修筑并被充分利用之后,宁夏农耕文化逐步融合畜牧文化形成一种稳定的农牧平衡互补型文化。随着这种农牧平衡互补的生产方式的逐步发展成熟, 以皮毛贸易为主的商贸活动也日益兴盛。上述畜牧文化史、皮毛贸易史在宁夏古代典籍中得到了详细记载。对这些记载进行研究,可以了解丰富而辉煌的宁夏文化史。

一、宋代典籍中有关黄河文化宁夏段的记载

西夏典籍中有大量关于黄河文化宁夏段的记载。西夏是一个“以羊马为国”的王朝,农牧文化是其立国之本。史载西夏王朝开国者李继迁“尝从十余骑出猎,有虎突从山坂下,继迁令从骑悉入柏林中,自引弓踞树颠,一发中虎眼,毙之”[①]。当时,宁北的地理环境适宜游牧业的发展,史载贺兰山“冬夏降雪,有种种丛林、树、果、芜荑及药草,藏有虎、豹、鹿、獐”[②]。一个区域的地理生态系统并不是一成不变的,特定民族的生产行为会改善或者破坏其生态的某种属性,西夏党项族的存在改善了宁北的生态环境,使得该区域有利于农牧业的发展。西夏农牧并重,以游牧经济为主,对官私牲畜的生产、管理及使用尤为严格。据史金波先生考证:“仅《天盛律令》卷十九就有78条约13000余字直接涉及国家对畜牧业生产的管理与控制。它比唐律在相关条目、字数上分别多5倍和10倍以上。”[③]除了用法律条文的形式对畜牧业的发展做出详细规定外,这些法律条文对发展畜牧业的具体方法也有具体规定。史金波、聂鸿音、白滨先生译注的《天盛改旧新定律令》中说:“国家规定群牧司所留供给之畜,骆驼、新驯马、牛犊、羖羊、卧畜等当于母畜混。”[④]这些政策有利于畜牧业的发展。《续资治通鉴长编》中记载:“环庆路部署张凝领兵自白豹镇入蕃界,焚帐族二百余,斩首五千级,降九百余人,毁刍粮八万,获牛羊、器甲二万。”[⑤]可见西夏的农业和畜牧业都很发

①吴广成,龚世俊. 西夏书事校证[M]. 兰州:甘肃文化出版社,1995:995.

②克恰诺夫,李范文. 圣立义海研究[M]. 银川:宁夏人民出版社,1995:58.

③史金波. 西夏天盛律令略论[J].宁夏社会科学,1993(1).

④史金波,聂鸿音,白滨. 天盛改旧新定律令[M]. 北京:法律出版社,2000:574.

⑤李焘. 续资治通鉴长编[M]. 北京:中华书局,1990:1107.

达。贺兰山岩画显示,已驯养的动物有犬、马、牛、骆驼、山羊、绵羊、猪,从数量上看,以羊最多,占总数的80%以上,如北山羊、岩羊、盘羊、羚羊。[①]已驯养的动物中,还有猪,猪是农耕文化的产物,这表明宁北畜牧业和农业都很发达。《天盛律令》记载:"供应他国所用骆驼、牧羊予先于北院所辖牧人中分出八十户,再于东院所辖牧人中分出二十户,以此为供应所用骆驼、马予他国之牧者。"[②]西夏与宋朝设立榷市,宋真宗景德四年(1007年)诏置榷场于保安军,令以驼、马、牛、羊等易缯帛、罗绮。[③]这些记载都体现了西夏王朝的游牧文化特征。同时,《续资治通鉴长编》卷二百十八载,宋军攻夏"得窖藏米百万"[④],表明西夏农业也很发达。农耕文化获得巨大发展,缩小了宁北地区同关中农耕文化的巨大差别,也标志着宁夏北部平原同青藏高原、蒙古高原截然不同的文化类型。

宋代典籍中也有大量关于黄河文化宁夏段的记载。据记载,固原地区有较为充足的水源,境内清水河与泾水河孕育了悠久而灿烂的文化。宋夏对峙时期,宁南地区成为战争的最前线,许多场战争都发生在这里,对农业生产、经济发展都有一定的影响。但是由于前朝的经济文化积累,再加上战争对文化融合的促进作用,此时的宁南,经济文化仍然较其他地区有优势。史籍记载,当时宁夏南部"地土浇沃,生齿繁多。内笼竿城蕃汉交易,市邑富庶,全胜近边州郡,为新经济区"[⑤],呈现出一派繁荣景象。在距离河流较远的湿润地区形成了丰茂的草地,畜牧业比较发达;在河流两岸形成了大量可以种植农作物的耕地,农业也较发达。

---

①许成,卫忠. 贺兰山岩画[M]. 北京:文物出版社,1993:391.

②史金波,聂鸿音,白滨. 天盛改旧新定律令[M]. 北京:法律出版社,2000:580.

③史金波,聂鸿音,白滨. 天盛改旧新定律令[M]. 北京:法律出版社,2000:574.

④杨新才,普鸿礼. 宁夏古代农业考略(续)[J]. 古今农业,1995(1).

⑤李焘. 续资治通鉴长编[M]. 北京:中华书局,1990:3339.

二、元代典籍中有关黄河文化宁夏段的记载

元时期的典籍中有大量关于黄河文化宁夏段的记载。《宣德宁夏志》卷上《山川》载,当时宁夏平原"丰水草,可畜牧",较之宋时,自然环境并未发生太大的改变。正如璩向宁先生在《宁夏中部区域开发和生态变化的回顾与反思》一文中所说:"自汉代至元代,宁夏中部地区先后在被以农垦为基础的汉民族,与匈奴、鲜卑、拓跋、党项等北方游牧民族的占据之下,由于干旱缺水,在150多年中都基本维持着以发展畜牧业为主、屯垦农耕为辅的农牧业格局,生态环境也未发生重大变化。"[①]蒙古族人大量进入宁夏后,在宁夏南部建立了其在西北的统治中心安西王府。从固原开城发掘出来的安西王府遗址来看,元统治者对宁夏汉族农耕文化是高度认同的。龙是中华民族的文化图腾,遗址中发现的有关龙的饰品非常多,在蒙古贵族安西王的府邸遗址中发现如此众多的龙饰品,可见蒙古族对农耕文化的崇拜,也可见农耕文化对蒙古族游牧文化的影响之深。

三、明清典籍中有关黄河文化宁夏段的记载

明清时期,宁夏各地大修水渠,黄河水得到充分利用,因而这一时期的典籍中有大量关于黄河文化宁夏段的记载。农牧文化融合已然形成,并且通过融合形成了一种比较稳定的农牧文化结构。除了史籍的记载以外,当时官员的奏章中也有关于宁夏文化的片段记载,从中也可以了解宁夏文化的发展情况。正统元年,宁夏总兵官都督同知史昭等奏:"先奉敕云宁夏达官指挥韩当道有驴马二千余匹,牛羊一万余头……马多者千余匹,少者七八百匹,牛羊动经万计。"[②]又隆庆六年,"三边总督戴才奏:本年……宁夏互市易马牛一千五百余匹,商余易

①张海鹏,陈育宁.中国历史上的西部开发——2005年国际学术研讨会论文集[M].北京:商务印书馆,2007:326.

②张金城,杨浣雨.乾隆宁夏府志[M].银川:宁夏人民出版社,1992:107.

马骡六百余匹”。[1]从这些记载中我们可以发现，畜牧文化是宁夏文化的一个显著特点。同时，这一时期宁夏农业也非常发达，史载：“天下屯田积谷，宁夏最多”[2]，表明这一时期宁夏农耕文化发展水平曾经超过了其他地区。宁夏南部，经过元统治者的经营和安西王府的带动，畜牧业发达，史载固原“地方延袤千里，水草丰茂”，生态环境向着适宜于畜牧业的方向发展，所以境内畜牧业发达，为明代西北马政中心的形成奠定了基础。清代《隆德县志》载：“其地高寒，无桑绵之产、粟稻之收，山泽之利，不出商贾之货，不兴机杼之红，不作生业所给，惟资耕牧。”又曰：“地饶羊，亦能织褐。渍麻及胡麻为布，但粗恶特甚，村民自蔽体耳。士大夫家吉凶之礼颇依仿仪节，类与郡同，小民婚姻多以牛马驴为礼。”在大力发展畜牧业的同时，农业生产并没有停滞，明代“固原山多平地少，在畜牧业比较发达的同时，农业也得到了一定程度的发展，如固原红河川等地有小规模的引水灌溉”。[3]总之，此时宁南农牧文化发展水平也非常高。

明朝时期，宁夏畜牧文化还有一个显著特点：唐宋时期由民族属性选择生产方式的发展模式，经过元时期的经营，向着由自然地理环境选择生产方式的模式发展，游牧民族已经彻底为农耕民族同化，明代在宁夏已经基本上找不出纯粹的游牧民族。游牧民族丰富的畜牧经验在长期的战争、贸易接触过程中，已经内化为农耕民族的生产经验。农业生产在两个方面成就突出：一方面，粮食生产超过了本文化区历史上的最高水平；另一方面，农业生产规模第一次超过了其他农耕文化区。

宁夏是全国产马之地，因此形成了独具特色的马政文化。“若将固原所饲养

①张惟贤，顾秉谦. 明神宗显皇帝实录：第 4 卷[M]. 扬州：江苏国学图书馆传钞本影印，1940：4.

②陈育宁. 宁夏通史：古代卷[M]. 银川：宁夏人民出版社，1993：270−276.

③陈育宁. 宁夏通史：古代卷[M]. 银川：宁夏人民出版社，1993：276.

的马、驴、骡、驼、牛合起来总计,永乐年间为32254匹,万历初为33842匹。"[①]明代庆王朱栴曰:"国朝之牧苑,在宁夏界者二:清平苑,在三山儿东;万安苑,在大盐池南。"[②]在全国设立的苑马寺中,宁夏就占了6个,从中可以看出宁夏在全国马政中的重要地位。从宁南固原到宁北灵武都有苑马寺的设立,表明宁夏的生态环境适合发展畜牧业。

明代时,宁夏也是全国中药材的重要产地之一。当时药材品种有荆芥、防风、苁蓉、枸杞、桑白皮、柴胡、甘草、黄芪、远志、牛蒡子、地骨皮、麻黄、黄芩、紫苏、苦参、菟丝子、寒水石、瞿麦、茴香、知母、升麻、葫芦巴、天仙子、大戟、扁蓄、秦艽、黄精、三麦草、青木香、百合、茵陈、葶苈、血竭、千金子、车前子、薄荷等30余种。宁夏药材品种繁多,质量上乘,特别是枸杞,更是驰名全国。明代,固原也是中药材的重要产地,明代《固原州志》卷二《风俗》载固原药材品种有甘草、秦艽、芍药、柴胡、知母、防风、羊须草、麻黄、苍术、草芽、野乌药、菖蒲、枸杞、贝母、车前子、金银花等十多种。尤其是金银花,现在的主要产地在湖南,其生长环境要求气候湿润、温暖,说明当时固原的气候条件符合它的生长要求,有利于农牧业的发展。

明清时期,宁夏畜产品的种类繁多,宁夏北部的家畜种类有马、驼、牛、羊、骡等。此时宁夏中草药种植也广泛开展,乾隆《中卫县志》记载:"宁安一带家种杞园,各省入药甘、枸杞皆宁产也。"宁夏北部地区属农牧交错融合地带,"中卫、灵州、平罗地近边,畜牧之利尤广。其物产最著者夏、朔之稻,灵之盐,宁安之枸杞,香山之羊皮,中卫近又以酒称,其他恒物亦多"。[③]农产品中既有属于农耕文

①梁方仲.中国历代户口、田地、田赋统计[M].上海:上海人民出版社,1980:376.

②吴忠礼.宁夏志笺证[M].银川:宁夏人民出版社,1996:253.

③张金城,修.杨浣雨,纂.陈明猷,点校.乾隆宁夏府志[M].银川:宁夏人民出版社,1992:80.

化的典型作物稻，又有畜牧文化的典型产物羊皮、药草等，显示了农耕文化和畜牧文化的交融互补。

《乾隆宁夏府志》卷四载，宁北人“强梗尚气重然诺，敢战斗”，“重耕牧，闲礼义。”[①]《平远县志》卷六载，宁夏南部固原州“地多硗瘠，居民鲜事稼穑，率以畜牧自雄”。清代《隆德县志》载，隆德县“地饶羊”。清代《海城县志》卷七载，海城县“地多荒芜，水率咸苦，最宜于牧养，汉回以畜牧为生，讨皮毛遂为一大出产，殆水草鲜美所致。”清代《平远县志》卷六载明清时期，宁夏南部固原州的畜产品有“牛、马、驴、骡、羊、犬、豕、骆驼、猫、犛牛、犏牛”等。清代，宁夏民众经营皮毛业的商人多，皮毛生意兴旺，带动了宁夏畜牧业的进一步发展，引起了民众对畜牧业的高度重视，这是与前代相比而言的。但是皮毛业作为一种产业，这是到民

黄河金沙湾 （李鹏／摄）

①张金城，修．杨浣雨，纂．陈明猷，点校．乾隆宁夏府志［M］．银川：宁夏人民出版社，1992：107.

国才形成的。从整个农牧文化的总体情况来看,农业依然是民生之本。清代中卫“共灌田一万四百余亩”[①],中卫民众认为“农田为养民之本”[②]。正如有些研究者所言:“清代(宁南)人们为了生存,首先要解决粮食问题,所以把发展农业放到了首要位置,牧业逐渐降到次要地位”。[③]明清时期,农耕文化的优越性越来越显露出来,农牧文化融合、农耕文化为主的文化模式更进一步被确立。

清代,宁夏农牧文化并重的文化格局已经形成,农牧文化已经融合。史载当时宁夏府一带民众“重耕牧,闲礼义”[④],灵州民众“尚耕牧,工骑射”[⑤];清代徐保字《平罗记略》卷三载平罗县民众“以技艺趋利,畜牧为资”,“后卫(花马池一带)务耕牧,习射礼”[⑥];《中卫县志》卷一载中卫县民众“性勇悍,以耕猎为事,孳畜为生”[⑦],“民务稼穑,事牧畜,不治蚕桑,布帛所需,俱以粟易”[⑧]。从宁夏民众的文化性格中也可以看出这一期农牧文化已经走向高度融合。中原传统耕读文化对宁夏民众有很大影响。《中卫县志》曰:“士业诗书,能取科第,有衣冠文物之风。”[⑨]但是,宁夏耕读文化和中原耕读文化又不完全相同,《中卫县志》曰:“儒童肄业,惟春冬居馆,夏秋大半从父兄治田,耕读相并。”[⑩]“耕读相并,农牧兼重”成为宁夏文化的特点,而且这种农牧文化融合的模式已经积淀为一种非常稳定的文化

①黄恩锡. 中卫县志[M]. 兰州:兰州古籍书店影印,1990:64.

②黄恩锡. 中卫县志[M]. 兰州:兰州古籍书店影印,1990:69.

③徐安伦,杨旭东. 宁夏经济史[M]. 银川:宁夏人民出版社,1993:131.

④张金城,修. 杨浣雨,纂. 陈明猷,点校. 乾隆宁夏府志[M]. 银川:宁夏人民出版社,1992:107.

⑤同上。

⑥同上。

⑦黄恩锡. 中卫县志[M]. 兰州:兰州古籍书店影印,1990:75.

⑧同上。

⑨同上。

⑩宁夏通志编纂委员会. 宁夏通志[M]. 北京:方志出版社,2008:14.

形态。

四、民国典籍中有关黄河文化宁夏段的记载

民国时期，宁夏战乱频仍，水利事业遂陷于停滞，生态环境逐渐退化，黄河对宁夏社会发展的作用没有得到充分重视。同时，民国年间，宁夏商品经济初步兴起，主要是皮毛业、马牛羊牲畜、药材交易，这些产业在一定程度上刺激了经济的发展。据统计，“自 1880 年以来，先后有 10 家洋行在石嘴子设立分号，共收购甘、宁、青一带廉价羊毛 4 亿公斤、牛羊皮 4000 万张以上，每年雇佣骆驼万峰、木船千条为其服务”。海原同心一带“羊皮之佳者，不让宁夏滩(羊)皮”，“皮毛遂为一大出产”[①]。

除了羊毛生意兴旺外，“本省所产药材，如枸杞、甘草，均为医药上不可缺少之品，每年出口价值在战前达六十万元以上，为本省重要出口货之一”。药材是畜牧文化的产物，和畜牧文化对生态环境的要求有一致性，药材业的兴盛表明宁夏的生态环境适宜于畜牧业的发展。又因民国地方政府曾颁布取缔骡马赛会命令：“查各县举行骡马赛会，往往借口繁荣市面，复兴农村，实为一聚赌场合，伤害风化，影响治安”。这个禁令从侧面反映了民间骡马交易的繁荣。经济利益驱使，从事畜牧业遂蔚然成风。杨新才先生认为：“中卫、中宁、金积、灵武各县，平原水田纵横，隙放牧，所畜之羊，大都在山岭区域。豫旺、盐池山岭起伏，乏灌溉之利，种植糜谷荞麦，而雨量无定，旱灾频仍，收获常不可靠，故人民多以牧羊主，……盐池尤然，……盖社会经济已全以牧畜为主矣。”[②]“社会经济已全以牧畜为主”，这的确是中鹄之论，但是当时的生产方式还不是一种良性的、稳定的运行模式，管理方面放任自流、毫无节制，因此，很快导致宁夏生态环境的恶化。

---

①叶超. 固原县志[M]. 银川：宁夏人民出版社，1992:558.

②杨新才. 宁夏农业史[M]. 北京：中国农业出版社，1998:260.

有些学者认为,现代宁夏生态恶化、土地荒漠化主要是在 20 世纪 80 年代以后开始的。其实,宁夏生态恶化、土地荒漠化的根源是在民国时期。这一时期不但畜牧业畸形发展,而且农业发展也处于倒退的状态。这是历史的经验教训,如果农牧业融合良好,符合经济文化发展实际,则带动整个社会稳定、和谐;反之,则影响社会的健康发展,整个社会就会发生动荡。在总体经济结构中,宁南地区农业和畜牧业收益的比例由元明时的 3∶7 左右转化为民国时的 7∶3。于是,宁夏地区以农耕文化为主、畜牧文化为辅的社会经济文化格局日益牢固。民国《甘肃省海原县要览》记载:“本县畜羊之家尚多,但不过系农事之辅助耳。要以全赖畜牧牛羊为生活者,甚属寥寥。”①

(张春丽,宁夏师范学院图书馆馆员,主要研究方向为图书馆学。)

①海原县志编纂委员会. 海原县志[M]. 银川:宁夏人民出版社,1999:142.

黄河文化与宁夏农业文明

◎ 薛正昌

摘　要:地理意义上的黄河奠定了黄河文化在宁夏的表现形态:南部地处黄土高原边缘,北部为宁夏平原。南部清水河、泾河是黄河的重要支流,也是黄河文化的滋生地;北部平原,黄河孕育了宁夏历代农业文明。秦代,黄河东岸的秦渠诞生;汉代,宁夏平原已成为著名的灌区;北魏时黄河水利再兴,隋唐时灌区得到了大力开发,宁夏平原已是一片美丽富饶的绿洲;西夏时开发利用了汉唐以来的重要渠道,农业生产有力支撑着西夏政治生命的延续;元明清时期,黄河水利更是得以大规模开发和利用,宁夏平原呈现出阡陌纵横、繁荣富庶的景象。

关键词:黄河;黄河文化;宁夏;农业文明

宁夏的地理走向是一个呈南北状的长带子。西南部是以六盘山为屏障的黄土高原,有黄河支流清水河、泾河;北部是以贺兰山为屏障的宁夏平原,黄河介于六盘山与贺兰山中间,穿银川平原而过。从地理学意义上看,南北地理特征不完全相同。无论是南部黄土高原的清水河、泾河流域还是宁夏平原引黄灌区,人类生活之本源——水,是黄河文化之根。水是生命之源,人类社会的早期就是一部治水的历史。后来人类的进步、社会的发展,都与水相伴而生。无论是大自然造就的黄河、长江,还是靠人力而成的秦始皇时的湘桂运河、隋炀帝时的京杭大运河等,它们都为历代政治、经济和文化的发展起到了积极的影响。

一、黄河文化与宁夏山川

(一)黄河与南部黄土高原

萌芽于黄河流域的文化,最初较为集中地分布在黄河中游的河谷地带。宁夏南部泾河、清水河流域作为黄河宁夏段的支流河谷,是仰韶文化、马家窑文化、齐家文化的分布区。这里地处黄土高原谷地,自然条件极有利于原始农业的发展,是黄河文化的重要组成部分。黄河支流清水河,是宁夏南部黄土高原上黄河文化传播的通道和桥梁。位于固原市原州区的须弥山石窟,就是历史上东西文化交流在清水河流域的著名文化遗存。这种文化现象的兴盛期一直延续到唐代"安史之乱"以后。

须弥山石窟 (李鹏 / 摄)

黄河的支流清水河,古代称西洛水、高平川水、蔚茹水,发源于六盘山东麓,向北流经固原、海原、同心、中宁等市、县,在中卫的泉眼山西侧注入黄河,是宁夏境内流入黄河最大、最长的支流。历史上,清水河两岸台地是当地人生息繁衍和耕牧的地方,也是北方少数民族相互融合的地方。清水河谷地是古丝绸之路东段北道的必经之地,清水河谷地与丝绸之路通道,实际上就是汉唐萧关古道。

从文化的角度说，清水河谷地就是黄河文化的滋生地。钱穆先生在他的《中国文化导论》里说："中国文化发生，精密言之，并不赖藉黄河本身，他所依据的是黄河各条支流。每一个支流两岸和其流通黄河时两水相交的那一个角里，却是古代中国文化之摇篮。"正是从这个意义上，清水河谷地是宁夏区域黄河文化的一个重要组成部分，清水河谷地有史以来就是宁夏南北相连的通道，而且还是北方少数民族南下进入中原的通道。南部黄土高原边缘的六盘山，是泾河与清水河的源头。泾河由此向南，清水河向北，二水以六盘山相衔接，清水河与泾河南北一线，是直达关中的通道，又是长安通往西域的著名的丝绸之路东段北道。早期的马家窑文化、齐家文化都在这里得到了反映。战国时秦昭王灭义渠戎国之后在固原城以北筑就的战国秦长城，不但在两千多年前威震北方，而且在两千年后它的文物价值和文化价值依旧为文化界所关注。2001 年战国秦长城被国务院批准为第五批全国重点文物保护单位，它的历史文化价值并未因年代久远而湮没。

萧关是秦汉以来的著名关隘。司马迁在《史记》里已清楚地记载：东函谷、南武关、西散关、北萧关，四关相拥才有关中之谓。萧关是关中北出塞外的军事要隘。西汉文帝十四年（前 166），北方匈奴 14 万铁蹄南下在萧关发生激战，萧关都督孙印战死。为表彰孙印战功，孝文帝破例将孙印后代封侯。司马迁因倾慕而将孙印作为报效国家的典型写进《史记》，以传后人。180 多年之后的西汉末年，班彪为考察当年孙印战死的萧关，沿战国秦长城亲往宁夏南部高平（固原），感慨系之，写下了中国历史上的著名乐章《北征赋》，将长城的历史、萧关的历史、固原的历史，用学者的大手笔描述和记载下来。在中国历史典籍里，作为黄河文化的信息，他（它）们都有一席之地，也都被流传了下来。

泾河与清水河孕育了宁夏南部古代文明。宁夏境内最早的县级建制——

乌氏县和朝那县,宁夏最早的州郡级建制——安定郡,在秦汉时已出现在中国的版图上。古代的城墙是"城"的标志,是地方文化的象征。固原最早的城,在汉武帝析置安定郡之前的高平县建制时已筑就,坐落在清水河上游西岸的台地上,与泾河源头遥遥相望。这里倚山(六盘山)傍水(清水河),高平县城雄踞于西河岸上,山峦郁郁,河水绕古城而过,远山近水孕育了固原古城。城以南清水河与泾河相接,城以北清水河与黄河相融。从此,固原成了关中北出塞外的军事重镇,历两千年而不衰。

以地理特点看,秦汉时的宁夏南部是农牧两宜的半农半牧区,有"马千匹,牛倍之,羊万头"的畜牧业,也有"以万钟计的粟"①,可见农牧并重的兴旺景象。秦始皇时期的乌氏倮,就是固原历史上经营畜牧业最有名的人物,他不但精通畜牧之道,而且凭着固原的地理条件与北方少数民族进行商贸往来。乌氏倮的商贸作为深得秦始皇的赞赏,"朝比封君"给了他很高的政治待遇。司马迁将乌氏倮作为当时畜牧业的代表人物写进《史记》里,得以传之后世。我们从乌氏倮的身上看到了两千年前固原的生态环境,这里宜农宜牧的地理条件对现在的退耕还林、经济结构调整具有历史性启迪意义。新石器时代的黄河流域,是我国彩陶艺术繁荣的地区。仰韶晚期,马家窑和半山文化彩陶最具代表性。新石器时代末期,齐家文化流行的红褐陶和橙黄陶最具代表性,宁夏固原境内的马家窑文化与齐家文化均有典型遗址发现。从文化的演进看,秦以前中原文化应以黄河为界;萧关的确是秦汉时雄踞北方的要道和屏障,但并非代表秦以前的绝对边关,它只是相对于关中而言。固原以北的战国秦长城也并非秦国与北方少数民族不相往来的界碑。《史记·秦本纪》载:"秦惠文王后五年,王游至北河。"张守节《正义》说:"王游观北河,至灵夏州之黄河也。"可见,文化的交流是绝对的,隔

①班固.汉书·货殖列传[M].北京:中华书局,1983.

阻是相对的。

(二)黄河与宁夏平原

黄河宁夏段地处黄河的中上游。自兰州以下,黄河沿黄土高原西北边沿流动,两侧是万壑涌动的峰峦。从航拍的照片看,无数个起伏的峰巅围着一道蜿蜒的白练,黄河不时地穿过一道道峡谷,形成一幅气势宏大的独特的自然景观图。进入宁夏境内,有两道峡谷,一是黑山峡,一是青铜峡。从黄河流域的地质特征看,黄河出青铜峡后为什么要转折北上,是因为受到鄂尔多斯台地的阻挡,由北向南转折流向,正是沿着鄂尔多斯台地边缘的轮廓而行。黄河的这种走向,形成了宁夏平原与河套平原的南北地理框架。因此说黄河孕育了黄河农业文明与文化。

黄河流出黑山峡后,进入宁夏的卫宁平原,再经青铜峡,进入银川平原。银川平原比卫宁平原大得多。卫宁平原与银川平原合称为宁夏平原。这里气候虽然干旱,但是有黄河之水的滋润和灌溉,这里成为富庶的农业区。据史料记载,早在明代就有“天下黄河富宁夏”的赞誉。追溯宁夏灌区的历史,秦代就在这里开凿了秦渠;汉代将秦渠延长,称汉延渠;唐代国力强盛,农业生产得到了更大规模的发展,唐徕渠的开凿,是唐代宁夏农业生产进一步发展的象征。历代不间断地开发,共同造就了宁夏平原的黄河文明,形成并孕育了“塞上江南”。

黄河流域基本处在暖温带,气候四季分明。宁夏境内是农牧皆宜的地段,尤其是南部黄土高原。同时,宁夏境内的黄河流域又是农业民族与游牧民族融会交流的地区。距今8000年前,地球上的气候进一步变暖,进入新石器时代,黄河流域农业开始出现,水洞沟古人类文化遗址可能就是农业文明的结晶。黄土高原是我国农业最早出现的地区,宁夏平原是黄河流域主要的农业区,基本上是由黄土高原的黄土被侵蚀而后重新沉积而成。黄土、黄河,承载着宁夏区

秦渠 （李鹏 / 摄）

域黄河文化的历史演进。

二、黄河文化与宁夏历代农业文明

(一)秦汉时期

以农业文明为特色的古代东方文化，最突出的表现为对水资源、水利的特殊倚重。从最早的诗歌总集《诗经》看，周代的水利灌溉已有一定的规模，真正大规模地进行农田水利灌溉是进入春秋战国之后。开宁夏农业灌溉之先河的秦渠，是宁夏平原农业文明的象征。

宁夏平原，黄河自西南向东北流过，地势平坦，水流平稳舒缓，属导流性灌溉。秦渠，由青铜峡东岸引水经青铜峡、吴忠到灵武市北门外，全长约60公里，整个走向地处黄河东岸古灵州境内。古灵州平原地势平坦、土地肥沃，整个地势由东南向西北倾斜，灌溉条件极为便利，是早期宁夏平原自流灌溉最理想的灌区。秦汉时期宁夏平原河东的秦渠、汉渠等大型水利工程,无论在当时还是对后世都很有影响。这一时期,农田水利工程分布以关中地区为中心,宁夏平原是主要开发区之一。《史记·河渠书》里记载了当时屯田和开凿的水渠,汉代宁夏平原著名的水渠有光禄渠、汉伯渠、汉延渠等。光禄渠是汉代银川平原著名的水渠,据吴广成考证,当为汉武帝太初三年(前 102)光禄勋徐自为所开。这一考证是成立的。[①] 汉伯渠,又名汉渠,明代的地方文献里称其为汉伯渠,位于黄河东岸,流经青铜峡、吴忠、灵武市境内,全长 40 余公里。汉顺帝永建四年(129)尚书仆射虞诩建议,在朔方一带屯田,朝廷派谒者郭璜"浚渠",即为汉渠。汉延渠,始凿于汉代,历代修浚利用,流经青铜峡、永宁、银川和贺兰,全长 80 余公里。

秦汉时期,随着冶铁技术的进步,铁器在全国范围内迅速推广普及,为兴修水利提供了更为锋利耐用的工具。黄河流域农业生产发展很快,主要表现在普遍使用牛耕、农业生产工具的改进、精耕细作技术的创新和水利事业的发展等方面。水利是农业的命脉,水利工程的修建为农业发展提供了更为有利的条件。汉代的水利灌溉,在战国秦以来修建的水利工程的基础上有了更大的发展,掀起了中国历史上第二次兴修水利的高潮,宁夏平原已成为当时主要的农业灌溉区。秦汉时期为了加强边防,曾数次大规模徙民屯边,在宁夏黄河东岸开辟秦渠、汉伯渠,在西岸修建汉延渠、光禄渠,引黄河水灌溉着两岸数十万亩的良田。原本的塞外荒原斥卤之地,因被黄河水浸润而成为阡陌纵横的"塞北江南"。

从历史的角度看,秦始皇统一六国的物质基础,凭借的就是修建的郑国渠和关中的粮仓。同理,秦始皇命大将蒙恬率大军筑长城以御边,开发"河南地",

①漆侠,乔幼梅. 中国经济通史·辽夏金卷[M]. 北京:经济日报出版社,1998:255-256.

依赖的经济基础就是当时宁夏平原各种类型的屯田。汉武帝时期为了抗击匈奴,大规模兴修水利,致力于经营西北地区,宁夏平原水利、农业发展较快。汉武帝集重兵反击匈奴,其后勤保障大都是依赖大规模徙民于宁夏平原的屯垦。随着社会的发展,兴修水利已被秦汉时期的人们看作是固国安邦、御守疆土、富国强兵的国策,备受重视。《史记》里说:"用事争言水利。"秦汉时期的宁夏灌溉农业,不但改变着宁夏北部的自然景观和社会面貌,而且成为当时社会经济发展的基础和命脉。黄河文化凭借宁夏平原独特的地理条件,在秦汉屯田开垦的基础上往前推进了历史性的一步,为后来" 塞上江南" 的形成奠定了良好的基础。但随着东汉国力的衰弱,水利建设亦随之减少,主要是对西汉旧渠的修缮利用。

(二)魏晋南北朝

魏晋南北朝时期,北方长期处于战乱之中,政府的注意力不在发展生产方面,而是在征战和巩固政权方面。汉代以来银川平原的汉族人口不断南迁,农业人口锐减,北方处于耕地荒废和牧场转化时期,战乱给社会经济尤其是农业经济带来极大破坏。这期间,西晋和北魏有过短暂的安定时期,出于政治和军事的目的,晋武帝司马炎曾大力倡导发展农业生产,宁夏平原的农业出现过短期的恢复。这一时期北方的农田水利工程破坏多、新建少,大多为修缮而用,成就远不如秦汉时期。此外,与农业相伴随的是畜牧业。宁夏南部黄土高原地带基本是畜牧业,北部的一些地方畜牧业也非常发达。曹魏时宁夏亦有小范围的屯田,主要是利用黄河水利灌溉。北魏时宁夏平原农业水利发达,著名的就是刁雍修筑的艾山渠,或称薄骨律渠。

北魏早期就重视发展水利事业。太平真君五年(444),出任北魏薄骨律镇(灵武)镇将的刁雍,一到任后就做了大量的实地考察,之后上书朝廷,陈述他对本地的治政策略,其中就谈道:"夫欲育民丰国,事须大田。此土乏雨,正以引河为用。观旧渠堰，乃是上古所制，非近代也”。[①]刁雍虽然没有具体指出古渠的开凿年代，但说“乃是上古所制”，即说明当时秦渠存在的年代已经很久远了。他甚至推测“似禹旧迹”。刁雍在上书的文字中还写了“上古旧渠”的样子，旧渠“其两岸作灌田大渠，广十余步，山南引水入北渠中”[②]。从这些迹象看，此古渠很可能就是秦始皇时修筑的秦渠。

为了配合大规模屯田，北魏政权曾开挖引水渠，修造陂堨。刁雍镇守薄骨律时，策划屯田积谷，曾上表太武帝拓跋焘：“薄骨律乏雨，可引黄河之水灌田。”富平西南30里有艾山，山下有渠堰可利用，但因年代久远，渠高水低，引水入渠困难，此渠早先始凿时大概高出黄河水平不到1丈，以坝逼水比较容易。后来经过黄河长期激流冲刷，河床下沉，旧渠与黄河水面差距更大，已高出2丈3尺之多，引水进渠更加困难。刁雍便在艾山以北选合适的地段凿新渠，宽15步，深5尺，两岸筑堤高5尺，渠床共高1丈，往北流40里与旧有高渠相合，然后循旧渠向北，可达120里，可灌田4万余顷，计划用4000人，40天完工。同时，刁雍以为，还需要再凿一个新渠口，20天完工，总计花60天的时间。这样，入渠水量充足，“一旬之间，则水一遍，水凡四溉，谷得成实”。这是刁雍修缮和利用秦时修筑的旧渠灌溉的状况。

刁雍兴修的引黄灌溉工程，极有利于当地农业生产发展。数年之后，银川平原粮食生产和储存大增，于太平真君七年(446)奉朝旨代表高平、安定、统万和薄骨律镇四镇，出车五千辆，向北部沃野镇运送粮食五十万斛。说明薄骨律镇屯田与水利效益双好，其他诸镇的军粮也仰赖于这里的屯田供给。但刁雍主持建成的引黄工程，大概因坝体不易维护，应用时间不是很长。因为郦道元作

①魏收. 魏书·刁雍传[M]. 北京：中华书局，1984.

②同上。

《水经注》时距此渠不过六七十年,却没有此渠的记载,然而它在选址、工程布置等方面都有独到之处,对后世产生了影响。

由刁雍凿新渠引水与旧渠比照,可以发现一个问题:从秦汉至北魏,中间已经历了数百年时间,旧渠口与河床入水口已有2丈3尺之多的差距,原因除了黄河水的冲刷、河床的下沉外,是否秦汉与北魏时期黄河水位也有变化,即秦汉时黄河水量大,北魏时水量相对减少?当然,这不在本文讨论范围之列。

(三)隋唐五代

隋唐时期的农业生产比前代发展更快,但“安史之乱”同样是唐代农业生产发展的转折。“安史之乱”前是北方水利的复兴时期,水利设施遍及黄河流域,银川平原灌区得到了很大的开发,前代废弃的渠道得以恢复修筑,同时还新修建了一批渠道,唐徕渠最具代表性。元和十五年(820),修浚和扩建而成的唐徕渠,规模宏大,为宁夏历史上最大的灌溉工程,全长212公里,有支渠510条,使惠农、平罗、贺兰、银川、永宁诸县的60万亩农田得以灌溉并取得很好的经济效益。长庆四年(824),又在灵州回乐县(今宁夏灵武市西南)修建特进渠,溉田六百顷[1],并在灵武以北千金陂左右开挖胡渠、御渠、百家渠等八条渠道。[2]七级渠,在灵州南。“灵州绕城旧有黄河分水大渠三重及沟浍纵横贯注,水所溉田约二十里”,这里应包括七级渠。唐代郭子仪曾在此击败吐蕃的进犯,因此,七级渠是唐代或唐以前修建的。

黄河文化孕育的宁夏平原灌区,经过数百年的屯垦经营,尽管中间因战乱而荒芜过、冷落过,但时代的大潮、社会经济的发展却伴随着它走了过来。唐代的宁夏平原已是一片富饶美丽的绿洲,是镶嵌在贺兰山与毛乌素沙地之间的一

①欧阳修.新唐书·卷三十七·地理志·灵州[M].北京:中华书局,1986.

②侯仁之.黄河文化[M].北京:华艺出版社,1994.

颗翡翠，沿丝绸之路而过的胡商、文人和各国使节等各色人都为这块宝地而动心。因此，一千多年前途经宁夏平原的唐代诗人就留下了“贺兰山下果园成，塞北江南旧有名”的诗句。从此，宁夏平原有了“塞上江南”这样一个让人向往的名字，也成了宁夏平原多种文化类属的总汇。

（四）西夏

党项族在内迁以前是以畜牧业和狩猎为生的民族。内迁后，经过百年与农耕民族的相融，土地与农耕在这个民族中也扎下了根，由原来“不知稼穑，土无五谷”[①]的游牧民族而融入农耕民族的大家庭中。到了李继迁时，已经十分重视农业生产。他曾利用同宋朝作战的时机，“侵河外腴之地而显之”，并下令修筑黄河堤坝，疏通阻塞的渠道，引水灌田，使银川平原的农业生产得到恢复和发展。西夏建国后，李元昊在与宋、辽作战的同时，并没有放松农业生产，他大力发展灌溉农业，并修筑了宁夏平原上青铜峡至平罗的新的水利工程，后人称这一工程为“昊王渠”或“李王渠”。新开发的水利工程与汉唐以来的水利工程，共同构成了宁夏平原兴、灵二州黄河灌区渠道纵横、沃野千里的兴盛局面，显示出西夏水利事业的繁荣景象。据周春《西夏书》记载，西夏时期有68条大小渠道，灌溉着9万顷良田。西夏仁宗时期的法典《天盛改旧新定律令》里已经规定了使用和维护水利灌溉的办法。西夏法典里关于农业生产的律令，是西夏农业生产发展、西夏统治者认识到农业生产重要性的证明。西夏农业发展的过程中，为扩大耕地面积，曾以武力的手段开辟土地。同时，将战争中俘获的汉人，凡健壮勇猛者编入军队，“怯无他伎者，迁河外耕作”[②]，从事农业生产。

①沈日句. 旧唐书·党项列传[M]. 北京：中华书局，1986.

②脱脱，等. 宋史·夏国传[M]. 北京：中华书局，1997.

西夏立国时,宁夏是一个黄土高原、沙漠和草原相交错的地区,当时的生态环境尚好,畜牧业兴盛,农业生产较为发达。具体说,宁夏平原是西夏政治的腹地,也是农业生产的重要地区。秦汉以来,历代统治者设置郡县,移民开发。至西夏时,农业灌溉的模式早已定型,中原地区的耕作技术也早已传到这里。再加上西夏对农业的重视,从西夏时期水利事业的开发和利用,即可看到农业的发展程度。从秦到西夏时期,宁夏平原上著名的河渠有秦家渠、光禄渠、汉伯渠、艾山渠、七级渠、特进渠等。这些是前代修筑的著名河渠,西夏时继续得以开发利用。据《郭守敬行状》载:"西夏濒河五州,皆有古渠,其在中兴者,一名唐来,长袤四百里,一名汉延,长袤二百五十里。其余四州又有正渠,长袤各二百里,支渠大小共六十八"。[①]《嘉靖宁夏新志》记载更是详尽。西夏元昊时期修筑的李王渠(或称昊王渠),"南北长三百余里",西夏以后却成为废渠。自秦至西夏,宁夏历代重要的渠道不但得以修复,而且新辟水渠,西夏的农业主产区宁夏平原沟渠纵横,灌溉体系完备,是"计灌溉田九万余顷"的农业地区,"灌溉之利,岁无旱涝之虞"。西夏农业的发展有力地支撑了西夏政治生命的延续。

(五)元代

元代在宁夏开发史上是一个重要时期。从中央大一统的历史进程看,元代是宁夏建省的开始。蒙古中统二年(1261)立行省中兴(今宁夏银川),至元八年(1271)立西夏中兴路行尚书省,元贞元年(1295)宁夏行省并入甘肃行省。在这个过程中,政权结构的提升,有利于地方经济的发展。但蒙古与西夏间数次大的战役,给宁夏平原的农业生产带来了很大损失,到蒙古灭西夏,战乱给宁夏平原带来的是人口外流、农业经济萧条、"土瘠野圹,十未垦一"的荒凉景象。元朝建立后,战争带来的灾难和创伤亟待赈救和修补。宁夏平原引黄灌区的粮食生产

①漆侠,乔幼梅. 中国经济通史·辽夏金卷[M]. 北京:经济日报出版社,1998:255-256.

是宁夏乃至西北地区稳定和发展的重要基地，元朝统治者不敢掉以轻心，对农田水利建设比较重视，直接召集流民归田。同时，派中书左臣张文谦，著名水利专家郭守敬、董文用等来宁夏恢复和兴修水利。中央政府专门设立都水监和河提举司等政府机构，直接负责河渠治理与兴修水利的事宜。1264年，郭守敬随张文谦行省西夏，修复了唐徕、汉延诸古渠，可灌田9万余顷。在此基础上，开辟新渠，美利渠就是董文用与郭守敬在应理州(今宁夏中卫)新开辟的渠道，灌溉卫宁平原近3000亩农田。同时，大范围地推广水利工程新技术，还使用调控水量的“牌堰”，即堰、陂、塘的斗门等。

元代宁夏农业生产的恢复与发展，一方面是由于政府关注战后重建，另一方面是通过各种途径陆续召回一部分流散外地的生存者。同时，还大量从南方迁徙人口实边，主要是南宋降附的军民。至元八年(1271)，“移鄂民万余于西夏”[①]。《元史·兵志·屯田》载，至元八年(1271)由湖北随州、鄂州迁往中兴的新民1107户。至元十二年(1275)，于中兴路置怀远、灵武两县，迁徙安置“新民4800户”[②]。至元十九年(1282)灭南宋后，又向宁夏迁徙新附军1382户。为便于管理，设有专门的管理机构“西夏中兴等处新附军万户府”[③]。西夏中兴等路新民安抚副使袁裕还建议：“西夏羌、浑杂居，驱良莫辨，宜验已有从良书者，则为良民”[④]。之后，再招募数百户来宁夏屯田。这样，随着劳动力的不断增强，宁夏引黄灌区的农业生产很快得以恢复和发展。

(六)明代

元朝末年的战乱，对宁夏平原的灌溉农业造成很大影响，不少灌溉渠道被

①宋濂. 元史[M]. 北京：中华书局，1976.

②同上。

③同上。

④同上。

废弃。明初,首先是整修和恢复旧有的渠道,并在此基础上再新修渠道。明朝处于中国封建社会晚期,虽然仍属传统农业耕种,但与宋元时期相比,农业生产力有了很大提高。明朝前期,大部分荒地开垦是通过屯田解决的。军屯、民屯、商屯三管齐下,耕地面积大增。在注重开垦的同时,水利事业也得到进一步发展,他们已经深刻地认识到水利对农业发展的决定性作用。洪武二十七年(1394),明政府下令地方政府要注意修治当地可蓄泄以备水旱的陂塘潮堰,并分遣国子监生和举荐的人才分头到全国各郡县督促当地政府与老百姓兴修农田水利。明英宗时,宁夏始设水利提举司,专管水利事宜。同时,明朝政府还不断派水利御史巡视宁夏的水利得失。这些措施,有利于宁夏水利事业的恢复和发展。

在农田水利建设方面,基本上是修复宋元以前被破坏和长期失修的较大型渠堰、水道。银川平原所在的宁夏镇,是明代九边重镇之一,驻有重兵,并实行大规模屯田。明代宁夏平原的政权建制为一镇(宁夏镇)五卫(宁夏卫、左屯卫、前卫、右屯卫、中屯卫),不设州县,这在宁夏政权建制史上是空前绝后的。这种以卫、所编制的军事性质的管理机制取代地方州县政权管理,目的是将地方驻军与编入军籍的地方居民统一管理起来,从事军事性质的屯田,显然有利于在宁夏平原进行大规模农业开发。洪武年间,已经开始“修筑汉唐旧渠,引河水灌田,开屯数万顷,兵食饶足”[①]。

汉延、唐徕、秦家等渠,西夏时即持其而富强;元代西夏中兴路行省郎中董文用再修复汉延、唐徕等渠,以发展农业;明代依旧看重汉延、唐徕等旧渠的修复与利用。汉延、唐徕二渠是宁夏平原两大主干渠,大支渠有五道渠、新渠、红花渠、满答刺渠等,大小支流与陡口八百余处,[②]灌溉以宁夏镇城为中枢的宁夏

①张廷玉.明史·宁正传[M].北京:中华书局,1984.
②胡汝砺.嘉靖宁夏新志[M].银川:宁夏人民出版社,1982.

卫、前卫、左屯卫、右屯卫、中屯卫五卫之地。宁夏镇城东岸灵武守御千户所屯垦区，有汉伯渠、秦家渠等主要灌溉渠道，支渠也不少。宪宗成化年间，右副都御史宁夏巡抚张蓥建议并修浚花果园、沙井等处渠道，灌田七百余顷。宁夏镇西南的中卫境内，先后修建了蜘蛛渠、石空渠、白果、枣园渠、羚羊角渠、七星渠等。弘治十三年（1500），巡抚督御史王珣主持在灵州开凿金积渠，因遇顽石而未得通畅，也影响了灌溉。同年，王珣奏开靖虏渠，此为西夏李元昊时旧渠，南北长三百余里，但因各种原因未能开凿成功。这些都说明，当时主政宁夏镇的官员都在设法利用宁夏平原的水利资源，以最大限度开发灌区农业。

嘉靖时期，宁夏已有大小渠道十八条，全长七百余里，灌溉一百五十六万亩。明代后期，由徐光启与意大利传教士熊三拔合译的《泰西水法》一书面世后，西方水利科学知识开始进入中国。宁夏的水利事业，也在逐渐接受新知识的基础上推进。

明代在整理和利用前代旧渠的同时，开凿了不少新渠，宁夏平原上渠道纵横、阡陌遍布，到处是“汉唐渠水流潏，冬则涸兮夏则溢”的平原灌区景象。这一切构成了黄河农业文明独特的“塞上江南”景观，使旅客流连忘返，文人墨客更是即兴诗涌。明太祖朱元璋第十六子朱㮵受封庆王，驻藩宁夏后，不仅编纂了宁夏最早的志书《宁夏志》，而且写下了不少赞颂和描绘宁夏自然风光与人文地理景观的诗文。与农业灌溉有关的《汉渠春涨》就是其中有代表性的一首：“神河浩浩来天际，别络分流号汉渠。万顷腴田凭灌溉，千家禾黍足耕锄。三春雪水桃花泛，二月和风柳眼舒。追忆前人疏凿后，于今利泽福吾居。”“东西处处人栽树，远近家家水灌田”“田开沃野千渠润，屯列平原万井稠”等诗句，都是对宁夏平原“塞上江南”景观的摹写和映照。

（七）清代

明末清初的数十年间，战乱给农业带来了一定程度的损失，田园是一幅满目苍凉的景象,"一望极目,田园荒凉;四顾郊原,社灶烟冷"。这种现象几近持续到康熙初年。清兵入关后,情况发生了变化,八旗贵族失去了原来的土地,顺治皇帝不但下令皇亲国戚大量圈地,而且驻防各地的旗人也大肆圈占土地,宁夏人民深受其害,原耕种地农民失去了土地,而被圈占的土地一时难以有效耕种,致使"广连阡陌,多至抛荒",同样影响了宁夏引黄灌区农业的发展。

清康熙以后,社会经济得以迅速发展。汉代以来不断开发的宁夏平原灌区的旧渠道得以大规模的整修,同时,还开发了新渠。康熙、雍正年间先后新建能灌溉农田 11 万亩的大清渠和能灌田农田 20 余万亩的惠农渠,与唐徕渠、汉延渠合称为"四大渠"。此外,还有昌润等渠,灌田也从数万亩至十余万亩不等。[①]康熙年间修建的大清渠,长 72 里,溉田 657 顷。[②]惠农渠修建于雍正年间,渠长 200 里,溉田 2717 顷。[③]"康乾盛世"是中国封建社会的最后一个繁盛期,宁夏平原的溉区农业也在历代积淀的基础上,呈现出"川辉原润千村聚,野绿禾青一望同"的繁荣富庶景象。

宁夏引黄灌区的开发随着历史的延伸,一直呈上升趋势,面积不断扩大。元朝初年约 100 万亩,明代嘉靖时为 156 万亩,清代嘉庆时为 210 万亩,民国二十五年(1936 年)为 182 万亩,1982 年为 410 万亩。[④]但以现在的灌区面积比照秦汉时期,当时屯垦面积还是很小的。

黄震东 1942 年写成《宁夏省农田水利改进问题之我见》,就宁夏平原的水

①马福祥,陈必淮. 朔方道志·水利志[M]. 天津:天津华泰印书馆代印,1926.

②张金城,修. 杨浣雨,纂. 陈明猷,点校. 乾隆宁夏府志[M]. 银川:宁夏人民出版社,1982.

③同上。

④陈明猷. 宁夏古代历史特点初探[J]. 宁夏社会科学,1991(1).

利灌溉作过详尽的论述。他不是按朝代而是依自然地理环境划分古渠道及其灌溉状况的。

一是宁卫区，即中卫、中宁二县，为青铜峡以南黄河冲积平原，直接引黄河水灌溉。这里有大小水渠二十三道之多，灌溉两县良田四十八万七千余亩，较大的干渠有七星、美利、新生及羚羊等渠。

二是河东区，包括当时的金积、灵武两县，为青铜峡以北黄河东岸之冲积平原，共有干渠三道：秦渠、汉渠和天水渠。秦、汉两渠在青铜峡开口，共灌溉地一百三十多亩；天水渠则利用汉渠退水及秦汉各支渠的余水，灌黄河新淤滩地。

三是河西区，包括当时的宁朔、永宁、贺兰、平罗及惠农五地，为青铜峡以北黄河西岸之冲积平原。原有大干渠四道：唐徕渠、大清渠、汉延渠、惠农渠，另有小干渠七道，共灌溉良田一百五十多万亩。

按照自然地理划分灌区，便于横向比较。同时，从这些数据也可以看出宁夏引黄灌区发展到20世纪40年代的基本状况。从三大块区域内渠道的分布，也可看出宁夏平原水利灌溉自秦始皇到当时两千多年间的大致走向。作为水利专家，黄震东还提出了整个黄灌区的改进意见，诸如灌溉制度的改进、渠道的整理、改良斗门节制用水、调整水政机构等，有些思路即使在今天仍有其现实意义。

宁夏平原引黄灌区历史悠久，影响深远，自秦汉移民开发以来，为历代治国者所重视。同时，由中国历代地理大势所决定。除元、清等时期外，历代防御重点多在北方，宁夏又处在北方一个特殊的地理空间，既要防边，又要屯垦发展灌区农业，是在战争、农耕与畜牧的交替过程中走过来的。宁夏平原的屯田为驻守北方的历代军队提供了大量的后勤储备，发挥了重要的作用。在这个过程中，除由于特殊时期即北方少数民族南下而有过中断外，宁夏平原两千多年来一直是国家的粮仓。“天下黄河富宁夏”“塞上江南”的美誉，就是这种历史过程的写照，也是黄河文化在宁夏最为突出的表现特征之一。宁夏黄河灌区的历史经历，从另一个侧面同样展示了宁夏区域黄河文化的历史进程。

(此文原刊于《渭南师范学院学报》,2004年第19卷第4期,第35-41页。)

(薛正昌，宁夏社会科学院历史研究所研究员、编审，主要研究近代史与区域文化。)

黄河文化在宁夏的独特历史文化内涵和时代价值

◎ 马建军　冯海英

摘　要：宁夏因黄河而名、因黄河而盛、因黄河而富。“天下黄河富宁夏”的独特地域文化，孕育了早期人类在宁夏的活动和农业萌芽，滋生了引黄古灌区世界灌溉工程遗产，繁荣了古代宁夏的水运交通商贸，留下了以岩画、长城、西夏文物为典型代表的优秀文化遗产，呈现出文化多样性和兼容性的特点。中华人民共和国成立之后，中国共产党领导人民凭借黄河文化的禀赋，一代接着一代，共同团结奋斗、共同繁荣发展，形成了“共产党好，黄河水甜”的时代价值。

关键词：黄河文化；时代价值；宁夏

黄河是中华民族的母亲河，孕育了华夏文明，形成了内涵丰厚、海纳百川、兼容并包的黄河文化。习近平总书记指出：黄河文化是中华文明的重要组成部分，是中华民族的根和魂。要推进黄河文化遗产的系统保护，守好老祖宗留给我们的宝贵遗产，要深入挖掘黄河文化蕴含的时代价值，讲好“黄河故事”。黄河孕育滋养着“塞上江南”的富庶，造就了“天下黄河富宁夏”的独特历史文化内涵，形成了“共产党好，黄河水甜”的时代价值。

一、天下黄河富宁夏——黄河文化在宁夏的独特历史文化内涵

黄河自青海、甘肃东流,进入宁夏,主干流经中卫、吴忠、银川、石嘴山市的10县(市、区),流程397公里。经过秦汉以来各个历史时期在宁夏的引黄灌溉、农业发展,百姓安居乐业,"天下黄河富宁夏"的独特历史文化内涵逐步突显。

(一)早期人类在宁夏的活动和农业萌芽

灵武水洞沟遗址,是黄河哺育下人类活动在宁夏肇始的见证。1923年由法国生物学家德日进和桑志华发现, 并先后于1923年、1960年、1963年、1980年、2003年、2014年进行了6次发掘。经研究,遗址距今4万年左右,时间跨度从旧石器晚期早段到末段,共12个地点。其中,第一地点是中国发现的第一处旧石器时代遗址。出土的大量长石片和石叶,采用勒瓦娄洼技术制作,在中国北方旧石器晚期石器工业中占有独特地位。同时,发现了带有刻画痕迹的石制品,是中国旧石器时代首次发现带有刻画痕迹的非有机质遗物。[①]法国学者依据出土的莫斯特尖状器、石叶和端刮器等将其工业发展阶段定位在发达的莫斯特文化和发展中的奥瑞纳文化之间。该遗址一经发现,遂成为晚期旧石器时代

水洞沟遗址 (李鹏/摄)

①彭菲,等.水洞沟旧石器时代晚期遗址发现带有刻划痕迹的石制品[J].科学通报,2012(57):26.

黄河岸边东西方人群迁徙和文化交流、中国北方旧石器晚期文化类型划分和石叶工业来源的讨论热点。[①]

青铜峡鸽子山遗址距今1.27万年至0.8万年，属旧石器时代末期向新石器时代过渡时期，被誉为“泉水边穿越万年的古营地和遗珍”，“描绘了一幅贺兰山脚下的古人类群在喷涌的泉水边构筑营地，佩戴串珠在篝火前歌舞与生息劳作的壮美画卷”。在距今4800年、10000年和12000年的三个文化遗址，获取逾万件石制品，包括各类细石器、精美的小型两面器和形制多样的石磨盘及石磨棒，出土了直径不足2毫米的串珠，是目前世界上旧石器时代最小的装饰品。通过水筛、浮选和分析石磨盘上的残留物，显示出当时人类驯化、栽培、加工野生植物的过程和关键环节，[②]为宁夏平原农业起源提供了证据，是宁夏农业文明的曙光。

(二)引黄古灌区造就了世界灌溉工程遗产

河渠为宁夏生民命脉，宁夏引黄古灌区，渠系纵横，灌溉技术不断创新，创造了享誉世界的宁夏引黄灌溉工程。宁夏引黄灌溉始于秦汉时期。汉武帝时“匈奴远遁，而漠南无王庭，汉渡河自朔方以西至令居，往往通渠，置田官，设吏卒五六万人。”[③]秦渠、汉延渠、唐徕渠等被开凿。东汉时期，发明了“激河”之法，抬高渠口水位，增大入渠水量，形成无坝引水，民间称之为“引水坝”。北魏太平真君五年(444)刁雍任薄骨律镇(今吴忠)将，上表请开艾山渠，灌溉田地4万顷，并提出了每旬灌水的“节水灌溉法”。

隋唐以来，宁夏引黄灌溉有了新发展，上了新台阶，既整修原有渠道，又开凿新渠。唐元和十五年(820)，李听修光禄渠、特进渠，开挖了御史渠和尚书渠。

①高星，等. 宁夏旧石器考古调查报告[J]. 人类学学报，2004(4).

②郭家龙，王惠民，乔倩. 宁夏鸽子山遗址考古新发现[J]. 西夏研究，2017(2).

③司马迁. 史记·匈奴列传[M]. 北京：中华书局，1959.

宋西夏时,“西夏浚河五洲,皆有古渠,其在中兴州者,一名唐渠,长四百里,一名汉渠,长二百五十里。”[①]元初,张文谦、郭守敬等人新修兴州、应理州的唐徕、汉延等正渠10道、支渠68道,溉田1万余顷,并发明木制闸堰设施,控制进渠水量,使宁夏平原的渠系水利工程技术有了新发展,增加了灌区面积,粮储为之充实。明代嘉靖年间,宁夏平原已有大小正渠18条,溉田156万亩,这是宁夏引黄灌溉史上记载较为确切的数字。清代,乾隆帝令引黄灌区以“开渠辟垦”为“务农之本”,将“兴水利以尽地利”作为宁夏地方政府“为政之要”,加以实施。清末,宁夏全境有引水渠23条,全长2198里,总计溉田210余万亩,[②]已经形成了近代意义上宁夏平原发达的水利网络。2017年10月,国际灌溉排水委员会将宁夏引黄古灌区的秦渠、汉渠、唐徕渠、汉延渠、惠农渠、大清渠、泰民渠、东干渠、西干渠、美利渠、羚羊角渠、羚羊寿渠、七星渠、跃进渠14条渠道列入世界灌溉工程遗产名录,总长度1292公里。宁夏引黄古灌区显示出深厚独特的文化价值,成为宁夏黄河文化的亮丽品牌。

(三)“塞上江南”造福了世代百姓

自古至今,宁夏享黄河之利,形成了沃野千里、谷稼殷积、田园似锦、稻香鱼肥的“塞上江南”,人民安居乐业。

秦统一后,宁夏社会经济从南到北,循序开发。汉武帝元鼎三年(前114),在北地郡分置安定郡,治高平(今原州区)。北地郡郡治移至马岭(今甘肃环县东南),辖今宁夏中北部的朐衍、富平、灵州、灵武、廉县。之后,汉代地方政府通过补贴耕畜、农具、籽种等方式大力发展农业。汉成帝时,设立专司垦殖的典农都尉主持移民屯垦工作,在宁夏筑上典农城(今永宁县境内)、南典农城(今青铜

①宋濂. 元史·郭守敬传[M]. 北京:中华书局,1976.

②吴忠礼. 宁夏引黄灌区经久不衰的历史原因探析[J]. 新商务周刊·宁夏古灌区申遗专刊,2017.

峡市境内)和北典农城(今银川市境内),促使宁夏平原形成了以农业经济为主、牧业经济为辅的经济形态。20世纪80年代以来,宁夏境内发掘了千余座汉墓,出土了大量各类质地的精美文物,实证了当时社会经济、文化和百姓安居生活的景况。[①] 十六国夏政权时,宁夏的屯田事业和农业经济得到发展,薄骨律城被称作“赫连果城”或“果园城”,饮汗城被称作“丽子园”。北魏宁夏平原成为西北边镇的重要粮食生产基地。北周宣政二年(579),北周攻灭南陈,迁移3万余人和其他江北及淮南的居民到灵州(今吴忠),“其江左之人尚礼好学,习俗相化,因谓之塞北江南”[②],使原本“杂羌戎”之俗的灵州风尚大变,宁夏黄河灌区因此获得“塞北江南”的美誉。

隋唐以来,宁夏成为安置内附民族的重要区域,人口数量快速增加。唐朝采取招募流亡、计口授田、减赋轻徭等民生国策,鼓励百姓务农,发展生产。元代,宁夏从六盘山安西王府到黄河岸边,大规模安置移民和军队屯垦,屯田遍布宁夏各地,仅至元年间移入宁夏的屯田人口就达7万余人。明清时期,宁夏成为名副其实的“塞上江南”。清代,推行“劝垦”政策,一边兴修水利,一边招民入户籍,授田地,减税收,宁夏平原“辟地万顷,安户万余”。至清代嘉庆年间灌溉田地210万亩,人口达150万左右,[③] 成为秀丽富饶和百姓乐居之地。

(四)黄河渡口繁荣了古代宁夏的水运交通商贸

黄河进入宁夏后,河道渐次开阔,水势平缓,遂在沿岸形成了众多渡口,这些渡口给宁夏带来了商贸繁荣和水运交通便利,连通了南北商贸,记录着黄河水运交通在宁夏的历史。明清时期宁夏黄河干流的官渡就有新墩、莫家楼、仁存、横城、临河、永康、宁安堡、广武、青铜峡、田家滩南、石嘴子等几十处,其中最

---

①杨芳.从考古资料看汉代宁夏社会经济发展状况[J].云南财经大学学报,2011(6).

②乐史,王文楚,等.太平寰宇记[M].北京:中华书局,2007.

③陈明猷.宁夏古代历史特点初探[J].宁夏社会科学,1991.

负盛名的是号称“宁夏四大渡口”的莫家楼、仁存、横城、石嘴子渡口。

1. 莫家楼渡口

莫家楼渡口位于中卫市黄河边,历史上这里是一个南来北往的水路交通码头,号称“宁夏平原第一渡”。此渡口将中卫地区黄河上的水运逐渐推上了高峰,从上游而来的货物经由这里顺河而下,抵达银川;北边阿拉善草原的商旅、货物从这里渡河,向南进入宁夏中南部地区远抵中原,尤其是近代盐务储运事业给渡口带来了繁华。1950年,宁夏省交通厅在莫家楼设管理所。20世纪70年代,莫家楼渡口客运量居黄河各渡口之首。1986年,中宁黄河公路大桥建成通车,1997年渡口撤销。

2. 仁存渡口

仁存渡口位于永宁县李俊镇黄河岸边。北魏时,刁雍造船从仁存渡口起航,将历年屯垦积存的粮食运往今内蒙古五原一带,这是仁存作为水运码头渡口的开端。之后的各个历史时期,仁存渡口一直运输从这里南来北往的人或货物。抗日战争时期,国民党八十一军从这里登船出发开赴当时绥远省西部抗日前线。1949年9月,解放军从仁存夜渡黄河,解放银川,给千年古渡留下了一段红色记忆。1970年,叶盛黄河大桥建成,仁存渡口逐渐退出历史舞台。

3. 横城渡口

横城渡口位于银川东16公里处的黄河边,魏晋南北朝时期就是黄河水运的重要港口。西夏称为顺化渡,是西夏的交通咽喉,北通辽国都城,东经夏、绥州达宋之汴梁。康熙三十六年(1697)三月,康熙亲征噶尔丹来到宁夏,在横城住宿并作诗《横城堡渡黄河》:“历尽边山再渡河,沙平岸阔水无波。汤汤南去劳疏筑,唯此分渠利赖多。”①近代以来,宁夏成为西北贸易门户,水运很发达,横城成为

①杨玉经,雷全银,陶雨. 黄河风辞[M]. 银川:宁夏人民出版社,2010.

宁夏最繁忙的港口。1960 年青铜峡大坝建成，由于未设计船闸，横城渡口逐渐失去昔日的繁荣。

4. 石嘴山渡口

石嘴山渡口又名石嘴子渡口，位于石嘴山市惠农区的黄河边，因“黄河岸边有一巨石突出如嘴”而得名，始建于北魏。历史上，因其连接内蒙古，扼水陆交通之要冲，处农牧富庶之胜地，是河套地区蒙汉贸易、农牧交易、民间商贸的主要市场。清代，朝廷在石嘴子设市口，以通蒙汉之有无。据《西北丛编》载：“各洋行专门收购甘、宁、青各地皮毛，并在石嘴山加工打包，由河运、驮运至天津出口……昔贸易盛时，年可收皮百万张，羊毛约三千万斤。”①一时商贾辐辏，贸易繁盛，行商络绎，船驼麇集。1949 年 9 月惠农县解放，石嘴山渡口收归国有运营，1988 年石嘴山黄河大桥建成，渡口撤销。

（五）黄河廊道历史文化遗产传承着宁夏多样性的地域文化

宁夏是北方草原与黄土高原、游牧文化与农耕文化的过渡地带，又是汉族和少数民族交往交融的地区，自古以来就是中华民族生息、繁衍、聚集、交融、开发技术和传播文明的要地，形成了区域文化多样性和兼容性的特点，留下了数量众多、具有地域特色的丰厚历史文化遗产。现存不可移动文物 3000 处，各级文物保护单位 500 多处。有姚河塬西周遗址、照壁山铜矿、张家场城址、固原古城等古遗址；有中卫高庙、董府等古建筑；有须弥山、石空寺等石窟；有固原北朝隋唐墓地、窨子梁唐墓等古墓葬。西夏陵、丝绸之路（宁夏段）被列入中国的世界文化遗产预备名单；长城、西夏陵、水洞沟遗址、开城遗址被列为国家 150 处大遗址；西夏陵被列为国家考古遗址公园。可以说，岩画、长城、西夏遗存等，传承着宁夏多样性和兼容性的地域文化。

---

①林竞，于逢春，阿地力·艾尼. 西北丛编[M]. 哈尔滨：黑龙江教育出版社，2015.

1. 岩画之美——宁夏地域历史文化在石头上的写照

黄河,是母亲河;贺兰山,是父亲山。黄河水犹如母亲的乳汁哺育了宁夏人民,贺兰山犹如父亲博大的胸怀阻挡着西来的寒风和沙尘对宁夏的侵袭。山与河相互交融,自然与人文相互结合,古代诸多民族共饮黄河水,凭借贺兰山这一屏障,在宁夏放牧游猎、繁衍生息、快乐生活。

贺兰山岩画由北向南分布在全长 250 余公里的黑石峁、归德沟、贺兰口、苏峪口、回回沟、插旗口、西蕃口、口子门沟、双龙山、黄羊山、苦井沟等山沟中,有岩画群 20 多处,画面总数 4 万幅,岩画分布空间大,岩画点相对集中。其中,最具有代表性的是贺兰口岩画。岩画的想象力丰富,画风古朴、凝练、粗犷,艺术表现形式生动写实,记录和展现了人类早期的生产生活、宗教信仰等活动,见证了水草丰茂、游牧民族快乐生活的宁夏地域文化景观。

2. 长城宁夏段遗址——宁夏地域历史烽烟的史迹

宁夏素有地上"中国长城博物馆"的美誉。在空间界域上,长城遗迹遍布 5 市 19 个县(区),分别为战国秦长城、隋长城、宋壕堑,以及明代西长城、旧北长城、北长城、陶乐长堤、头道边、二道边、固原内边等。现存墙体 1038 公里,有附属设施敌台、烽燧、墩台、辅舍、关隘、品字形窖、壕堑、挡马寨等 1225 个。在时间上,历经战国、秦汉、隋、宋、明等时期。在建筑形式上,因地制宜,形式多样,有黄土夯筑、砂石混筑、石块垒砌、劈山就险、深沟高垒等多种形式。可以说,古代长城遗址是宁夏体系最健全、规模最宏大的线性文化遗产。[①]宁夏长城资源占全国全部长城资源的 4.17%。明长城遗址银川市永宁县三关口段、吴忠市青铜峡市北岔口段、吴忠市盐池县头道边段、战国秦长城遗址固原市原州区段被列为国家级长城重要点段,长城遗址见证了宁夏的历史风烟。

①许成,马建军. 宁夏古长城[M]. 杭州:江苏凤凰科技出版社,2015.

3. 西夏文物——宁夏地域历史文化的重要组成

西夏文物是宁夏地域文化的重要组成部分。西夏是11—13世纪中国西北党项族建立的一个地方政权，位于丝绸之路的必经之地，连接了中原和西域。西夏广泛接受中原地区的先进文化和佛教文化，又吸纳传播了藏传佛教，创造出了独具特色、个性鲜明的地域文化。20世纪初，随着西夏文字的发现和解读、西夏文物的出土，逐步解开了西夏历史的神秘面纱。西夏的建筑水平和活字印刷水平较高，创造了西夏文字，保留了大量较高艺术水准的绘画、书法和雕塑作品，特别是宁夏发现的西夏文佛经《吉祥遍至口和本续》，是世界上现存最早的木活字印刷本，将中国使用木活字印刷的历史前推了一百多年。宁夏现存的西夏陵、省嵬城、闽宁镇西夏墓葬、大水沟西夏离宫、拜寺口双塔、承天寺塔、海宝塔、宏佛塔、一百零八塔等西夏文物遗迹，以及从西夏陵出土的鎏金铜牛、石马、金银器饰、竹雕、西夏文字残碑、迦陵频伽、志文支座等珍贵文物，为研究西夏提供了大量的实物资料。

二、“共产党好、黄河水甜”——黄河文化在宁夏的巨大时代价值

2020年6月，习近平总书记第四次视察宁夏，强调要“更加珍惜黄河，精心呵护黄河”，再次嘱托宁夏人民“继续建设经济繁荣、民族团结、环境优美、人民富裕的美丽新宁夏”，又一次提出了“社会主义是干出来的，幸福是奋斗出来的”伟大号召，“希望乡亲们百尺竿头、更进一步，发挥自身积极性、主动性、创造性，用自己的双手创造更加美好的新生活。”“全面建成小康社会，一个少数民族也不能少。”习近平总书记的重要指示鼓舞人心，给宁夏各族儿女注入了新动力。

（一）不忘初心、走好新的长征路，长征精神永放光芒

宁夏有着光荣的革命斗争历史和革命传统，是红军长征经过的15个省区之一。1935年10月5日至9日，中央红军途经宁夏南部西吉、原州（今固原）、泾源、彭阳4县（区），10月7日，毛泽东登上六盘山顶，极目远眺、诗兴勃发、抒

怀高歌,豪情吟出《长征谣》,追忆了“红军不怕远征难”的艰险历程,展示了中国共产党人和中央红军开展伟大斗争、争取胜利的决心。1936 年 6 月,西征红军进入宁夏,7 月底西征战役胜利结束,西方野战军主力在豫旺地区集结休整,等待迎接长征中的红二、四方面军。1936 年 10 月,我国历史上第一个县级民族区域自治政权诞生——陕甘宁省豫海县回民自治政府,开启了我国民族区域自治的先河。

2016 年 7 月,习近平总书记视察宁夏,来到中国工农红军长征胜利会师之地——将台堡,提出了“缅怀先烈、不忘初心、走好新的长征路”的伟大号召,指出,革命理想高于天,不怕牺牲,排除万难去争取胜利,面对形形色色的敌人决一死战,克敌制胜,这些都是长征精神的内涵。我们要继承和弘扬好伟大的长征精神。有了这样的精神,没有什么克服不了的困难。长征永远在路上。当年的长征,是中国共产党带领人民夺取政权的长征,今天是实现“两个一百年”奋斗目标的新长征,我们这一代人要走好我们这一代人的长征路。这是新时代对长征精神的赓续、继承和弘扬。长征精神是中国共产党人革命风范的生动反映,是革命和建设事业从胜利走向胜利的强大精神力量,已融入黄河文化之中,成为中国人民不屈的脊梁,要在新时代找准方位,持续接力,传承好、弘扬好、坚持好长征精神,让长征精神永放光芒。

(二)社会主义是干出来的,黄河滋养了宁夏的近现代工业

2016 年 7 月习近平总书记在考察宁东能源化工基地时发表重要讲话指出,社会主义是干出来的。就是靠着我们工人阶级的拼搏精神,埋头苦干、真抓实干,我们才能够实现一个又一个的伟大目标,取得一个又一个的丰硕成果。空谈误国,实干兴邦。宁夏的近现代工业就是这样一步步实干壮大的,其发端于 1926 年,兴起于黄河两岸,黄河哺育其成长。据统计,1929—1947 年,宁夏共创办纺织、炼铁、电器、火柴、酒精、造纸、采煤、陶瓷等 13 个行业的工矿企业 39

个。1964 年，在中国中西部地区 13 个省、区进行了以国防、科技、工业和交通设施建设为主的“三线建设”，迁入宁夏的企业主要有大连机床厂（银川长城机床厂）、北京仪器厂（青铜峡青山试验机厂）、沈阳中捷人民友谊厂（中卫大河机床厂）、上海自动化仪表七厂（吴忠仪表厂）等 12 家，涉及煤炭机械、机床轴承、起重设备、自动化仪器仪表等工业行业。这些企业基本上分布于黄河两岸，宁夏现登记有 43 处工业遗产和 1 处工业遗产群，[①] 见证了宁夏近现代工业的发展史。

宁夏积极践行“社会主义是干出来的”号召，利用黄河两岸得天独厚的自然禀赋，从 21 世纪初开始，科学谋划提出推进沿黄城市带建设的战略构想，打造出了富饶的黄河金岸，黄河金岸是黄河文化在宁夏的硕果。利用黄河干流流经银川、石嘴山、吴忠、中卫 4 个地级市和 10 座城市，集聚优势，建设一个沿黄城市群。2016 年 3 月，沿黄经济区作为支撑区域发展的增长极写入《中华人民共和国国民经济和社会发展第十三个五年规划纲要》。如今，沿黄经济带面积占宁夏总面积的 43.7%，人口占宁夏总人口的 66%，集中了宁夏 80%的城镇和 90%的城镇人口，创造了宁夏 90%以上的生产总值和 94%的财政收入。黄河金岸从中卫出发，顺黄河北上至惠农，在 500 公里的滨河大道沿线，只见河湖呼应、草木对吟，绿不断线、景不断链。中卫黄河湿地公园、灵武黄河书院、中华黄河坛、黄河楼等，都是黄河岸边颇为壮观的人文景观。

（三）幸福是奋斗出来的，黄河水浇出百万移民幸福花

为人民谋幸福、为民族谋复兴、为世界谋大同，是中国共产党的初心和使命。宁夏南部山区和中部干旱带是一个典型的集中连片特殊贫困地区，素有“苦瘠甲天下”之称。20 世纪 80 年代以来，宁夏经过“三西”扶贫的吊庄移民、“双百”扶贫的扶贫扬黄灌溉移民、千村扶贫的易地扶贫搬迁试点移民、中部干

①朱芙蓉. 加强宁夏工业遗产资源保护的建议[J]. 中共银川市委党校学报，2010(1).

旱带县内生态移民、百万贫困人口扶贫攻坚的“十二五”生态移民和“十三五”易地扶贫搬迁等6次大规模移民,完成贫困人口移民123.26万人,主要分布在沿黄灌区。百万移民拔穷根,喜笑颜开奔小康,人民群众切身感受到了“共产党好、黄河水甜”,幸福是奋斗出来的。

习近平总书记时刻牵挂着“苦瘠甲天下”的西海固地区,从1996年牵头负责对口帮扶宁夏工作以来,先后四次到宁夏。移民搬迁是脱贫攻坚的一种有效方式。闽宁镇的建设,就是移民脱贫的典范,习近平总书记看到昔日的“干沙滩”变成了“金沙滩”,老百姓过上了幸福生活,深情地说:“闽宁镇探索出了一条康庄大道,我们要把这个宝贵经验向全国推广,做一个示范,实现共同富裕。”2020年6月,习近平总书记殷切关怀、再次嘱托宁夏要“继续建设经济繁荣、民族团结、环境优美、人民富裕的美丽新宁夏”,又一次为宁夏各项事业发展提供了遵循,指引了方向。

(马建军,宁夏文化和旅游厅文物保护中心主任,研究员,主要研究方向为文物考古学和区域文化学及博物馆学。冯海英,宁夏博物馆副研究员,主要从事革命文物保护利用和文物陈列展览研究。)

论黄河文化宁夏段的内涵及其符号表达

◎ 王兴文

摘　要:宁夏平原与黄河之间的共生关系,使宁夏文化成为黄河文化体系中更具代表性的区域文化。黄河文化是宁夏北部城市建设与文化发展不可或缺的关键词。研究黄河文化的内涵与精神,梳理黄河文化宁夏段的脉络结构及其符号表达,分析黄河文化宁夏段的开发缺憾,对于宁夏沿黄城市文化发展极具现实意义。

关键词:黄河文化;宁夏;文化开发;符号表达

近年来,黄河流域各省开发利用黄河文化已成潮流,如山东的黄河三角洲建设,河南郑州、三门峡旅游景区的打造,陕西、山西对黄河壶口瀑布的文化开发,青海的黄河源头文化开发,以及甘肃的相关黄河文化研究等,都以黄河文化为切入点,大力发展文化产业,推动区域经济、文化发展。黄河文化宁夏段的开发几乎与其他各省同步(文化产业方面的探索甚至要早于黄河流域西北各省),经历了从镇北堡西部影城的文化产业开发,到黄河金岸、沿黄城市带以及把宁夏作为一个城市经营的规划与建设理念逐步清晰的过程。黄河从宁夏北部的平原地区川流而过,不但孕育了地理意义上的“塞上江南”,而且塑造了历史意义上的多元文化交织的宁夏平原。宁夏平原与黄河之间的共生关系,使宁夏文化成为黄河文化体系中更具代表性的区域文化。因此,黄河文化无疑是宁夏北部城市建设与文化发展不可或缺的关键词。探析黄河文化的内涵与精神,梳理黄河文化宁夏段的脉络结构及其符号表达,分析黄河文化宁夏段的开发缺憾,对于宁夏沿黄城市带文化发展极具现实意义。

一、黄河文化宁夏段的内涵

黄河文化是一个内涵丰富的概念,简单地说,它就是黄河流域这一地理空间与人文空间所塑造的生活方式、社会制度、风俗习惯以及宗教信仰、审美情怀等的综合,它是中国传统文化的重要组成部分。为便于理解黄河文化的内涵及其在宁夏文化中的表现,我们把黄河文化看成是一个包括政治、经济、艺术、哲学、语言文学、史学、宗教、民间信仰、道德规范和社会生活习俗等方面内容的时空交织的多层次、多维度的文化共同体。“正如复杂的人体内部贯有纵横交织的经脉一样,包容了多种亚文化的黄河文化也有贯穿其整个肌体的脉线,每条主脉线上又分布有若干副脉线,正是这些脉线交错纠结所构建的‘面’复合而成黄河文化的‘体’——具有生成性、开放性的网状结构式的黄河文化系统。”[①]依循黄河文化历史发展过程中的聚散关系的脉络,可以从中梳理出黄河文化的脉络结构,即把黄河文化理解为由生物化石线、文明遗址线、农耕文化线、民族文化线、宗教文化线、文学艺术线、建筑文化线、民间文化线等脉线构成的立体结构。由于“宁夏的地理位置,正当中原农耕文化与北方草原游牧文化的过渡带上,特殊的历史地理环境决定了宁夏在多元文化方面的相融交汇与吸纳”[②],因而宁夏平原黄河文化蕴藏丰富。远古文化、农耕文化、民族文化、宗教文化、建筑文化、非物质文化等文化资源的交织,构成了宁夏文化多元交织、内涵丰富的

①彭岚嘉,王兴文.黄河文化的脉络结构和开发利用——以甘肃黄河文化开发为例[J].甘肃行政学院学报,2014(2).

②薛正昌.宁夏境内丝绸之路文化研究[M].兰州:甘肃教育出版社,2013.

文化特征，也使之成为黄河文化体系中更具代表性的区域文化。

（一）远古文化线

黄河作为中华文化的摇篮，其流域早在远古时代就有人类与古生物活动。宁夏北部黄河沿岸，由于有利的水土条件，早在远古时期就有古生物、古人类活动，如在灵武发现的古生物群化石就是远古生物活动的明证。而灵武市的水洞沟文化遗址，则是我国最早发掘的旧石器时代文化遗址之一。在中卫市长流水也采集到属于旧石器时代的石器。细石器文化则广泛分布在宁夏境内的黄河两岸各县及以北地区，如贺兰暖泉细石器文化遗址。①

（二）农耕文化线

黄河流域的先民创造了丰厚的农耕文化，早期农作物栽培、生产工具的不断改进、生产技术的时代传承，无不体现出黄河流域先民的智慧。宁夏北部由于特殊的地理形势，早在秦汉时期就已经开始了引黄灌溉。据传秦朝大将蒙恬曾在宁夏北部修建了秦渠，考诸史籍，有文字记录的沟渠修建历史当始于汉代。后经过唐、西夏、元、明、清等朝的修建与疏浚，引黄灌溉的宁夏北部平原得以开发。秦渠、汉渠、汉延渠、唐徕渠、昊王渠、惠农渠等沟渠已经成为宁夏沿黄地区农耕文化历史的标志性符号。

（三）民族文化线

黄河两岸的优厚自然条件使得宁夏地区成为少数民族生衍繁息的首选之地，历来有不少少数民族曾在这里栖居、建都，因而形成了这一地区丰富的民族文化遗存。早在春秋战国时期，这一地区就生存着鬼方、戎等少数民族；到了汉代，匈奴占领这片土地；魏晋时期，这里曾经活跃过鲜卑、羌、氐等少数民族。从对后来的影响来看，唐代以后，党项所建立的西夏与后来的蒙古对宁夏北部文

---

①钟侃．宁夏回族自治区综述（二）[M]．郑州：中州古籍出版社，2002.

化影响巨大。元代以后,宁夏北部也成为回族的聚居区之一。丰厚的民族文化使宁夏北部地区形成了丰富多彩的民族文化,这些文化传统在黄河文化体系中显得格外耀眼。

(四)建筑文化线

建筑是人类聚落结构以及精神结构、世界观念的外在投射形式。宁夏北部的黄河两岸,由于地理与气候的影响,传统意义上的民居大多采用黄泥抹墙的木结构建筑,而宗教建筑、官府建筑则受中原文化和外来文化影响,表现出不同风格。如中卫高庙、石嘴山的北武当庙,明显打上了中原文化的烙印,也与中国传统建筑风格相融合。另外,历史上少数民族政权修建的特殊建筑,更体现出本地区的文化多元特征,如青铜峡的一百零八塔、银川的海宝塔,以及西夏陵等,均是独具特色的文化遗存。

中卫高庙 (展帆/摄)

(五)非物质文化遗产

丰厚而多元的文化造就了灿烂的非物质文化遗产,宁夏北部地区非物质文化遗产丰富,如平罗民间故事、北武当庙寺庙音乐、马鞍山甘露寺佛教音乐、舞狮、舞龙、隋唐秧歌、踏脚、黄羊钱鞭、皮影、石嘴山宣卷、宁夏小曲、贺兰砚制作技艺、黄渠桥羊羔肉烹饪技术、枸杞栽培技术、中宁蒿子面、二毛皮制作技艺、手工地毯制作技艺、老毛手抓羊肉制作技艺、羊皮筏子制作技艺、羊羔酒酿造技艺、祭河神、同心莲花山青苗水会、中卫香山水会、北武当庙庙会等。

宁夏丰厚的黄河文化资源是构建以黄河文化为主题的沿黄城市带城市文化的基石。宁夏地域内的物质形式和历史遗存与黄河文化相互作用,使宁夏北部城市兼具北方的粗犷与南方的秀美。悠远的历史、多元的民族,使这片土地渗透了多元文化的积淀。但是,无论从哪一个层面看,黄河都是宁夏北部城市及其文化的关键词。独特的地理位置使得这些城市宛如点缀在九曲黄河之上的珍珠,熠熠生辉,兼容并包的黄河文化又使得宁夏历史文化成为其重要组成部分。

二、黄河文化宁夏段的符号表达

黄河冲出黑山峡之后从西南进入中卫平原,向东北流经银川平原。黄河养育了宁夏,宁夏的兴盛离不开黄河。因此,以研究为先导,深入挖掘黄河文化内涵,重点突破,打造黄河文化品牌,整体规划,坚持可持续发展,无疑是黄河文化开发应该注意的基本思路。而且,不管是物质文化遗产还是非物质文化遗产,缺乏保护、传承与开发,必将导致其流失散落。如果开发得当,利用合理,保护有力,传承不断,文化资源就会焕发生机,成为推动区域文化发展的有力杠杆。将文

黑山峡 (李鹏/摄)

化开发与区域经济发展及城市文化提升结合起来通盘考虑，提炼具有代表性、示意明确且特色鲜明的文化符号,无疑是地方文化发展的一条重要途径。近年来,宁夏文化开发与建设的一个重要举措就是建构标志性文化符号,挖掘底蕴深厚的黄河文化。从20世纪末镇北堡西部影城文化产业开发,到宁夏川民俗园的建设,再到新世纪以来沿黄城市带的规划与建设,黄河文化宁夏段的开发经历了从单一文化品牌开发到系列文化产品开发的过程。现在,镇北堡西部影城、水洞沟遗址、沙湖、黄沙古渡等旅游景点已成为宁夏的代表性文化名片。

镇北堡西部影城的文化开发是宁夏文化产业发展探索期的成功之作。20世纪90年代,伴随着城市化的发展与社会经济的转型,华夏西部影视城有限公司正式成立。镇北堡西部影城另辟蹊径,“将西北特有的荒漠自然景观和古堡遗迹人文景观有机地结合起来,形成一道独特、神奇的风景线”[①]。通过“出卖荒凉”,镇北堡西部影城伴随着在这里取景拍摄的影片走向世界。当然,西部影城并没有止步于仅仅为电影拍摄提供外景基地,而是通过影视生产,同时赋予镇北堡以文化内涵,并把它作为文化产业经营,从而获得了高附加值。现在,西部影城已经成为宁夏代表性的文化符号之一。进入新世纪之后,随着国家西部大开发战略的实施,贺兰山岩画、西夏陵、水洞沟、沙湖、黄河古渡等景点作为宁夏特有的历史文化景观,也逐步成为具有吸引力的旅游景点。宁夏川民俗园的文化产业开发,不但积极挖掘、保护、传承民族文化遗产和非物质文化遗产,而且形成了完整的文化产业链,集文化、生态、旅游等多种功能为一体,向“景观都市主义”方向发展。从西部影城,到把贺兰山岩画、西夏陵等景点多点开发,宁夏

①彭岚嘉,黄怀璞,彭江嘉. 中国西部文化产业发展战略选择[M]. 北京:中国社会科学出版社,2008.

文化产业获得了长足发展，但是真正把文化产业发展与经济发展即城市空间拓展、区域文化发展结合起来通盘考虑的，还是黄河金岸构想与沿黄城市带建设思路。

新世纪以来，宁夏提出打造多元文化品牌，为小省区发展大文化明确了思路。尤其是黄河金岸的构想，从空间发展的角度整体考虑区域城市群规划与发展，把黄河沿岸以银川为中心的十个城市的发展作为一个整体来构思，建设了银川的黄河古渡城、灵武的黄河书院、平罗的"塞上江南"博物馆、红寺堡区的移民博物馆、吴忠的黄河人家文化园和黄河国家湿地公园、青铜峡的黄河楼与中华黄河坛、中卫的黄河公园等以黄河文化为主题的文化品牌项目，使黄河文化符号得以彰显。

综观黄河文化宁夏段的开发路径，不难看出其开发模式具有示范性与可持续性。首先，黄河文化宁夏段开发从一个点到多点开发，从一条线到立体规划，既有其实验性特征，又表现出层递性与选择性。在这一过程中，由早期的文化产业尝试、后来的文化产业链条的整体设计，到新世纪以来的城市群空间布局发展构想，均体现了谨慎规划、精细构思的特点。其次，黄河文化宁夏段开发体现出景观都市主义特征。"所谓的景观都市主义是对城市景观规划与设计的概念化理解，源于城市景观的方方面面的特征，包括其多学科性（关于思想的历史）、功能（基于生态学和经济学的角度）、形式与空间属性（作为自然与文化系统的组织结构、体系及组成）、过程（基于时间特性），以及这些特征影响下的不同尺度的工程项目。"[①] 换言之，城市规划与发展不单单是如何利用土地并使之成为城市经济增长的动力，同时关涉区域社会、文化、历史、生态等资源如何有效利用与配置的问题。黄河文化宁夏段的开发不但注重文化符号的提炼与

①朱莉娅·泽涅克. 景观都市主义[M]. 北京：中国建筑工业出版社，2010.

文化品牌的打造，而且注重地方经济文化与地理生态资源的合理保护与配置，恰好与当代城市规划中的景观都市主义相契合。不仅如此,黄河文化宁夏段的开发在发展自身的同时,以其独特的符号表达方式,为其他省区黄河文化的开发也提供了可资借鉴的模式。

宁夏近年来的黄河文化开发与城市空间规划,是20世纪90年代以来的经济模式转型与社会转型所催生的结果,同时也与国家西部大开发战略及文化发展战略相适应。但是,如果从微观层面考察社会生活的方方面面,不难看出政策主导型的资源配置与城市文化发展也存在一些错位。

首先,文化传承与城市化发展之间的背离,使非物质文化等传统文化的传承与现代文化之间的裂隙逐渐扩大。近年来在黄河文化的开发上不但注重硬件方面的建设,而且也注重对软件方面——非物质文化的发展。但是,作为“活态文化”,非物质文化不能仅仅依靠传承人来传承,它必须“活”在民间,“活”在普通老百姓的日常生活中。然而,现代城市生活中,电影院、网吧、饮吧以及自媒体的发展,使以传统模式存在的非物质文化面临媒介、载体在城市无处存身的危机。如何处理好非物质文化与物质文化的共生共荣关系,如何处理传统文化与现代文化之间的互渗与融合关系,是黄河文化宁夏段开发亟待解决的问题。

其次,经济文化发展战略的前瞻性与全球化经济发展之间的错位,使未来城市空间与当下经济文化发展的适应性问题变得突出。按照大卫·哈维的看法,全球化带来的是“时空压缩”“更加灵活的积累方式”以及非正式的劳工关系等后福特主义经济模式[①],在此大背景下,城市化进程所带来的人口、资本的流动

①大卫·哈维. 后现代的状况——对文化变迁之缘起的探究[M]. 阎嘉,译. 北京:商务印书馆,2003.

与社会经济的变化，未来城市必然向分散化、密度降低的方向发展。加之人口政策以及交通、通信技术的飞速发展，城市的便利、低成本等优势降低的可能性较大。因此，高密度的城市建筑的发展方向与未来人口的关系亟须研究。宁夏沿黄城市带虽然工业城市较少，但是未来城市空间与人口的发展的趋势，应该与全国发展的趋势一致，因此有必要从前瞻的角度考虑如何规划城市群空间发展。

最后，城乡差异问题。按照芒福德的说法，与乡村有着明显的差异，城市以其极大的聚合能力使之成为一个“巨大的容器”。由于聚合，积累了人类物质层面、制度层面以及精神层面的所有财富，因而城市成为人类文明的象征。一个城市的文化不仅仅表现在物质化的基础设施、建筑群体以及各种空间规划上，而且表现在精神方面的文化传承上。城市群落的建设，无疑为城市人的生存降低了生活成本，提供了便利条件，但是乡村人群的生存成本却因而提高。如何处理好城乡之间的公共设施方面的差异，驱使社会资源更加合理地分配，显然是当下城市化发展需要处理的问题，也是宁夏城市空间发展应该着力解决的问题。

（本文原载于《西夏研究》，2015 年 02 期，第 99-103 页，内容略有修改。）

（王兴文，文学博士，宁夏师范学院固原历史文化研究中心教授，主要从事文艺理论和城市文化研究。）

试论“天下黄河富宁夏”的内涵

◎ 冯海英

黄河是中华民族的摇篮,是中华儿女的母亲河,孕育了中华文明,在中华民族形成和发展史上具有举足轻重的地位。生活在黄河流域的各族人民,也以辛勤劳动和卓越才能,创造了内涵丰厚的黄河文化。黄河文化历史悠久、积淀深厚;黄河文化广纳百川,兼容并包;黄河文化生生不息、与时俱进。作为中华民族的母体文化、本源文化,黄河文化早已融入了中华民族的血脉,成为连接所有中华儿女的精神纽带。

一、黄河文化与宁夏的渊源

黄河文化,简单地讲,就是黄河流域这一地理空间与人文空间所形成的生活方式、社会制度、风俗习惯及宗教信仰、审美情怀等内涵的综合,是中国传统文化的重要组成部分。黄河文化在宁夏,是一个包括政治、经济、艺术、哲学、史学、宗教、文学、民间信仰、道德规范和社会生活的一个时空交织的多层次、多维度的文化共同体。

黄河自青海、甘肃东流进入宁夏,其主干流程 397 公里,共流经了中卫、中宁、青铜峡、吴忠、灵武、永宁、银川、贺兰、平罗、石嘴山等市、县。黄河不仅孕育滋养了宁夏“塞上江南”的富庶,而且造就了“天下黄河富宁夏”的传奇佳话。宁夏地域内的人类活动,始于距今 4 万年左右的旧石器时代晚期,黄河岸边的水洞沟遗址便是见证。新石器时代早期,黄河流经宁夏的地域便十分适宜人类活动,在约1万年前的鸽子山遗址中就发现了农作物种植的遗迹。经过各个朝代的开发,宁夏这片土地逐渐富庶。如秦开发屯垦“新秦中”,西汉设立专司垦殖的典农都尉,在宁夏设置上典农城(今永宁县境内)、南典农城(今青铜峡市境内)、北典农城(今银川市境内),管理耕作,兴建水利,并修成了光禄渠、汉渠等古渠,构建了宁夏平原早期的渠系。十六国时期,赫连勃勃建立大夏政权,在宁夏设高平城、薄骨律城、饮汗城,大量屯田,发展经济,薄骨律城被称作“果园城”,饮汗城被称作“丽子园”。北魏薄骨律镇已经建成著名的“刁公城”,开辟了黄河漕运。北周攻灭南陈,迁徙3万余人和其他江北及淮南居民到灵州。因“江左之人尚礼好学”,使原本“杂羌戎”之俗的灵州风尚大变,使宁夏平原获得了“塞北江南”的美誉。唐代整修、扩建了汉代旧渠,又新开挖了唐徕渠、七星渠、特进渠等,灌溉农业快速发展。西夏政权建立后,重视水利事业的发展,新开了昊王渠。元代,中央政府派张文谦、郭守敬等人到宁夏,修唐徕、汉延及夏州、灵州、应理州、鸣沙州正渠10余道,溉田1万余顷。郭守敬在修复废坏旧渠的同时,创造性地发明了木制闸堰设施,类似现在的闸坝或溢流堰,控制进渠水量,使宁夏平原的渠系水利工程技术有了新发展,也增加了灌区面积,粮储为之充实。到清代,宁夏平原是农田水利建设的重要地区,河渠纵横,形成了近代宁夏平原的水利网络,留下了丰厚的水利遗产,宁夏成为名副其实的地面“水利博物馆”。这些与黄河密切相关的人类活动,为黄河文化在宁夏提供了丰富多样的内涵。

二、黄河文化在宁夏的主要体现

(一)黄河文化是中华优秀传统文化的重要组成部分——黄河孕育了宁夏历史文化遗存

宁夏地处中华文明发祥地黄河中上游地区,黄土高原的西北边缘,是北方草原与黄土高原、游牧文化与农耕文化的过渡地带,这一独特的地理位置,正当东西南北经济文化交流的通道和要冲。自古以来，宁夏地区就是诸民族生息、繁衍、聚集、交融、开发技术和传播文明的要地,形成了区域文化多样性和兼容性的特点,留下了数量众多、弥足珍贵的历史文化遗产。

1. 水洞沟遗址

水洞沟遗址位于灵武市临河镇水洞沟村,距银川市 19 公里,北与内蒙古自治区鄂前旗相接,占地面积 7.8 平方公里。该遗址 1923 年由法国学者桑志华和德日进开始发掘,至今共进行过 6 次发掘,是我国最早发现的旧石器时代文化遗址,距今 4 万年左右。水洞沟遗址被誉为“中国史前考古的发祥地”“中西方文化交流的历史见证”，并被评为全国重点文物保护单位、国家 5A 级旅游景区、国家地质公园,是我国文物保护 150 处大遗址之一,更是黄河哺育宁夏的文化曙光。

2. 贺兰山岩画

贺兰山岩画是历史上游牧民族与贺兰山这一特殊地理环境不断发生交互关系中形成的一种文化景观。岩画由北到南分布在贺兰山东麓,总数约 4 万幅,包括射猎、放牧、战争、动物、人物、类人首、符号和彩绘岩画等,是我国古代北方西戎、匈奴、鲜卑、突厥、党项、蒙古等民族遗留下来的艺术作品,从多方面、多层次反映了古代人类在不同历史时期的经济生活、社会生活和宗教信仰,是研究我国古代北方民族迁徙史、文化史、宗教史、原始艺术史等的珍贵形象资料。最具有代表性的贺兰山岩画和中卫大麦地岩画,为全国重点文物保护单位。

3. 宁夏古长城

宁夏素有地上“中国长城博物馆”的美誉,宁夏长城资源占全国长城资源的 4.17%。境内现存长城遗迹遍布 5 市 19 个县(区、市),遗存有战国秦长城、隋长城、宋壕堑,以及明代西长城、旧北长城、北长城、陶乐长堤、头道边、二道边、固原内边等。时间历经战国、秦汉、隋、宋、明等历史时期。可见墙体 1038 公里，辅助设施 1225 个，有主墙体、敌台、烽燧、墩台、辅舍、关隘、品字形窖、壕堑、挡马塞等。形式多样，因地制宜，采用黄土夯筑、砂石混筑、石块垒砌、劈山就险、自然山险、深沟高垒等多种形式。古代长城遗迹是宁夏境内体系最健全、规模最宏大的线性文化遗产。

4. 西夏遗存

以西夏陵为代表的西夏遗存是西夏文明的载体。西夏文明体现了 11 至 13 世纪，以贺兰山为地理中心、在黄河河套及河西走廊一带，以党项为主的民族群体，在游牧与农耕文化接触地带以及多民族并存的特定环境下，在文化上汲取融汇、传承创新后创造出的主体上从属于华夏文化，同时又具有自身特色的古老文明。不仅受到公元 7 至 13 世纪唐代、宋代等中原文明发展的明显影响，而且受到辽、金等政权及吐蕃、回鹘等周边民族各种文化的不同程度影响，展现出多民族兼容并蓄而又不失创造力的文化特性，在东亚文明史上具有不可替代的地位。

（二）黄河滋生的世界灌溉工程遗产——宁夏引黄古灌区

2017 年 10 月 10 日，宁夏引黄古灌区被国际灌溉排水委员会列入世界灌溉工程遗产名录。引黄古灌区地处黄河上游宁夏平原，始于秦汉屯垦，一直延续到清代，兴建了大清渠和惠农渠，与原有的唐徕渠、汉延渠合称“四大渠”。清代宁夏引黄灌溉渠道有 23 条，灌地 210 余万亩，构成了近代宁夏平原的水利网络。宁夏现存秦渠、汉渠、唐徕渠、汉延渠、惠农渠、大清渠、泰民渠、东干渠、西干渠、美利渠、羚羊角渠、羚羊寿渠、七星渠、跃进渠 14 条古渠，总长度 1292 公里，水利遗产丰厚，被称为地面上的“水利博物馆”。“水利兴、则国兴”，水利是一个国家的命脉所在。农业的发展，离不开水源，已经成为宁夏农耕文化历史的标志性符号。黄河让宁夏有了“沃野千里，谷稼殷积”的农耕基础。

千百年来,宁夏平原享黄河之利,沐黄河之惠,无决口泛滥之患,有引水灌溉之利,“沃野千里,谷稼殷积”,田园似锦,稻香鱼肥,沿黄两岸湖泊相通、沙水相接、林渠相连、湿地成片,俗称“黄河百害唯富一套”。

神奇宁夏使它富集了黄河文化的诸多精髓,有学者称:“天下黄河富宁夏,黄河文化汇宁夏。”宁夏位于黄河上游,地势平坦,黄河缓缓流淌,犹如母亲一般温柔哺育着宁夏。因为有了黄河,自秦以来,开始发展畜牧业,进而发展农业,有了让其富庶一方的引黄古灌区。对黄河古渠的利用,让宁夏的气候发生变化,植被覆盖增加,生态环境越来越好,由塞北荒漠变为“塞上江南”,银川也成为最适宜人类居住的城市。黄河文化在宁夏的表征是历史与现实相统一的具有丰富内涵和地方特色的文化,是关中农耕文化和塞外草原文化、中原文化和西域文化的纽带,是一种温和包容的文化。

(三)黄河岸边多彩的民间文化——宁夏非物质文化遗产

宁夏既有漠北边塞的雄奇,又不乏江南水乡的灵秀。悠久的历史、多样的地貌、丰富的自然资源、独特的民俗,构成了宁夏多姿多彩的非物质文化遗产。宁夏现有非物质文化遗产2968项,其中有1项入选联合国教科文组织人类非物质文化遗产名录,“花儿”等18项入选国家级非遗代表性项目名录,如泥塑、砚台制作技艺、宁夏小曲、秦腔、剪纸、砖雕、二毛皮制作技艺、莲花山青苗水会等。羊皮筏子在黄河文化中不可或缺。在历史的漫长岁月中,黄河上游虽有大小型木船航行,但因黄河流域峡谷较多,礁石密布,水流湍急,羊皮筏子逐渐以其轻便、吃水浅成为黄河水道交通的主角,除了摆运渡河商旅和两岸百姓外,还用于商贸贩运。

宁夏的民间艺术种类丰富,主要包括戏剧、音乐、舞蹈、美术、书法、民间文艺、曲艺杂技等多个方面,具有浓郁的地方特色。宁夏的戏剧活动从明清时期开始,主要为秦腔的流入与兴起。清代初期,秦腔在宁夏占据了主要的戏剧舞台，现流传的隆德曲子、固原曲子、盐池曲子、盐池道情、中卫道情、银川道情、眉户等具有地方化的小戏剧种，是根据当时群众的审美情趣，融合当地民歌小调孕育而成的戏曲形式。宁夏流传下来的歌谣有六盘山“花儿”“固原小调”“爬山调”“信天游”等，主要咏唱境内黄河纵横交织的河渠。其中，以独具地域色彩的“花儿”为代表。与甘肃和青海“花儿”不同的是，宁夏“花儿”内容广泛、体裁繁多，具有粗犷浓郁的地方乡土气息和朴实鲜明的民族民俗特点，时代感十分强烈。宁夏的舞蹈主体上以汉族民间舞蹈与回族舞蹈共同发展为主要特征，秧歌、高跷、耍龙、狮舞、旱船等社火一代代传承。宁夏的美术起源于远古时期，以贺兰山岩画为代表，西夏时期表现为对中国禅宗的继承及地区性的演变，元明清时期的建筑与工艺美术成就主要体现在石窟、楼阁、宫殿、明长城、董府等建筑中，特别值得一提的是在北京故宫博物院织绣馆珍藏的970余块地毯中，宁夏地毯占到一半。

（四）黄河文化的时代号召——不忘初心、走好新的长征路

宁夏有着光荣的革命传统，红军长征在宁夏留下了弥足珍贵的红色记忆。1935年，毛泽东同志率领中国工农红军翻越长征中最后一座大山——六盘山到达陕北，红军三大主力军在将台堡会师，毛泽东也留下了《清平乐·六盘山》。1936年6月，中国工农红军西征解放盐池，盐池县成为陕甘宁边区的前哨阵地和西北门户。同年，陕甘宁省豫海县回民自治政府成立，我国历史上第一个县级民族自治政权诞生，开启了我国民族区域自治的先河。

2016年7月，习近平总书记来宁夏考察时专程来到将台堡红军会师纪念馆，提出“不忘初心、走好新的长征路”的伟大号召。习近平总书记对宁夏的视察，不仅给宁夏把脉定向、指路定策，而且提出了努力实现经济繁荣、民族团结、环境优美、人民富裕，确保与全国同步全面建成小康社会的目标要求。习近平总书记考察闽宁镇时看到经过20多年的对口帮扶，使昔日的“干沙滩”变成了

“金沙滩”,老百姓过上了幸福生活。他与村民代表座谈,深情地说:“闽宁镇探索出了一条康庄大道,我们要把这个宝贵经验向全国推广”。在2018年宁夏回族自治区成立60周年大庆时,习近平总书记专门题写了“建设美丽新宁夏,共圆伟大中国梦”的贺匾,为宁夏各项事业发展提供了重要遵循,注入了强大动力。

三、黄河文化宁夏段的保护、传承、弘扬

习近平总书记在2020年6月视察宁夏时强调,要更加珍惜黄河,精心呵护黄河,再次嘱托宁夏人民继续建设经济繁荣、民族团结、环境优美、人民富裕的美丽新宁夏,又一次提出了“社会主义是干出来的,幸福是奋斗出来的”伟大号召,希望乡亲们百尺竿头、更进一步,发挥自身积极性、主动性、创造性,用自己的双手创造更加美好的新生活。全面建成小康社会,一个少数民族也不能少。习近平总书记的系列重要指示,鼓舞人心,给宁夏各族儿女注入了新动力。

(一)宁夏唯黄河而存在,依黄河而发展,靠黄河而兴盛

中华人民共和国成立以来,宁夏通过科学治理、保护、开发利用黄河,使黄河在宁夏流域内走上了一条河流变畅、两岸变绿、沿岸安居乐业的大河良性发展之路。保护、传承、弘扬黄河文化,讲好黄河故事,要进一步加强对黄河文化的研究阐释,深度挖掘历史文化资源展现母亲河这一中华民族精神纽带的强大凝聚力,努力让自然的黄河和文化的黄河生生不息、日益繁荣。习近平总书记在2019年9月主持召开黄河流域生态保护和高质量发展座谈会时发表重要讲话强调,绿水青山就是金山银山,坚持生态优先、绿色发展,保护传承弘扬黄河文化,让黄河成为造福人民的幸福河。应该说,黄河文化蕴含重要的时代价值,可以为社会主义建设提供文化支撑。

(二)保护、传承、弘扬黄河文化的关键点

1. 大力加强黄河文化遗产保护

强化黄河文化遗产保护意识,编制宁夏黄河文化遗产保护规划,对黄河沿线文化遗产进行统一规划、统筹利用,以黄河吴忠段为核心,优化整合宁夏水利博物馆、大禹文化园、青铜峡黄河大峡谷、青铜峡鸟岛、中华黄河坛、中华黄河楼、青铜峡黄河水利枢纽工程、黄河古灌区等黄河历史文化和生态资源,建设黄河文化公园,创新黄河文化展示载体和文化创意产品业态。加强对文物保护单位、水利设施遗址、历史文化名镇名村、革命文物等珍贵文化遗产资源的保护。健全宁夏引黄古灌区非物质文化遗产保护制度,加强保护名录体系建设。

2. 开展黄河文化资源普查,合理开发黄河文化资源

大数据时代已经到来,数据的数量巨大、类型繁多、价值密度低、速度快和时效高等特征,均对人类驾驭数据能力提出了新的挑战,也为人们获得更为深刻、全面的洞察能力提供了前所未有的空间和途径。对于黄河文化发展而言,将普查方法与大数据相结合,不仅是摸清文化资源的家底,更重要的是普查信息数字化,建立基础数据库。这将有利于准确掌握黄河文化资源存量、历史内涵、保护现状和空间分布等基本情况;有利于实现文化资源的信息统一、资源共享,一定程度上避免了公众对于某些文化概念的混淆,便于文化相关学术研究活动的开展,与智库形成良性互动。最终,通过对黄河文化资源大数据的利用分析,为宁夏文化事业、文化产业提供更加具有针对性、持续性、实践性的发展路径及举措。

符号是实现信息储存和记忆的工具,又是表达思想情感的物质手段,具有形式表现、信息叙述、传达的功能,是信息浓缩化的载体。黄河文化资源作为人类文化的遗存与结晶,其本身就是一种符号,具有突出的设计符号价值。将黄河文化层层梳理、科学分类,进一步开展类别属性归纳工作,将有利于符号的准

确提炼,从而精准研发文创产品,实现黄河文化资源的有效利用,“唱响新时代黄河大合唱”。

3. 做好黄河文化创意发展

“种好梧桐树,引来金凤凰”,地理特点决定了沿黄城市群是宁夏经济的战略高地,也是黄河文化蓬勃繁荣的社会因素。抓住黄河文化的核心内容,积极推进黄河文化与科技、资本、人才等生产要素的高度融合,抢占黄河文化产业发展的制高点。比如,开发黄河文化方面的视听娱乐、演绎观赏、竞技游艺等文化产品和文化服务,让黄河文化与非遗结合起来,打造“黄河文化宁夏非遗新媒体”。整合传统文化资源,打造具有优势的文化产业,是提升黄河文化内涵,扩大黄河文化影响力,发展特色产业的坚实基础。只有独具特色的黄河文化品牌打出去了,“天下黄河富宁夏”的名声才能自然传播出去。

4. 发展黄河绿色生态旅游

“大漠孤烟直,长河落日圆”,这一千古壮观的最佳观赏地正是沙坡头,这里可以观赏大漠、黄河、长城、丝路四大奇观。进入新时代,围绕“塞上江南·神奇宁夏”品牌,整合六盘山上、贺兰山下、黄河两岸、长城内外厚重的历史文化资源和独特的自然山水资源,统筹开发好山水林田湖草资源,依托“星星的故乡”“长城博物馆”,

黄河铁桥 (田鸿亮/摄)

大力开发仰望星空、烽火长城、大漠黄河、户外探险、自驾旅游等特色旅游产品，推进黄河流域文化传承保护和高质量发展。加快长城文化公园、长征国家文化公园建设步伐，发展文化探秘、仰望星空、生态观光、健康养生、研学科考、休闲度假等新业态，重点打造酒庄游、星空游、长城游、探险游、沙漠游等精品文化旅游线路产品，培育和扶持以休闲农业、乡村度假、古镇村落、特色民宿为代表的乡村旅游新业态，推进中国户外运动目的地、中国西部健康养老休闲旅游目的地、中国贺兰山东麓葡萄酒庄休闲度假旅游目的地建设。

2016 年 7 月习近平总书记在宁夏视察时指出，发展全域旅游，路子是对的，要坚持走下去。同年 9 月，宁夏成为第二个国家全域旅游示范(省)区创建单位，成为西部旅游业转型升级的领跑者。在全域旅游的大环境下，我们要将九曲黄河以生动的形式、亲切的面容呈现于世人眼前，告诉世人：黄河的风情不只是在书牍中、在字画里，她是流动的、鲜活的，更流露在黄河文化保护开发只争朝夕的建设里。

黄河楼胜景 （李鹏 / 摄）

依托水洞沟遗址、黄河沿岸资源打造出水洞沟旅游区、港中旅(宁夏)沙坡头旅游区两家 5A 级景区。依托横城堡、一百零八塔、青铜峡拦河大坝、青铜峡黄河铁桥等文化遗产以及中华黄河楼、大禹文化园、中华黄河坛、宁夏水利博物馆等现代人文景观，打造出黄沙古渡原生态旅游区、青铜峡黄河大峡谷旅游区、黄河横城旅游度假区、银川黄河军事文化博览园景区等4A级景区。黄河沿岸滨河大道一线从中卫出发,顺黄河北上至惠农,在500公里的滨河大道沿线,可见河湖呼应、草木对吟,绿不断线、景不断链。

(冯海英,宁夏博物馆副研究员,主要从事革命文物保护利用和文物陈列展览研究。)

浅析“塞上江南”文化与宁夏主干文化的关系

◎ 苏　桢

摘　要:“塞上江南”文化源于宁夏主干文化,植根于宁夏主干文化。研究表明:“塞上江南”文化根源于黄河文化,伴随移民文化孕育发展;黄河文化、移民文化催生了“塞上江南”文化,促进了“塞上江南”文化的发展。在历史演进过程中,“塞上江南”文化与黄河文化、移民文化等主干文化及其他各具特色的多元文化碰撞交流、吸收补充、交相辉映,成为宁夏历史文化不可或缺的重要组成部分,成为宁夏历史文化的一张亮丽名片。

关键词:“塞上江南”文化;宁夏主干文化;关系

宁夏是丝绸之路上的一个重要节点，历史上曾是东西部交通贸易的重要通道。作为黄河流经的地区,这里同样有古老悠久的黄河文明。水洞沟遗址揭示了距今约 4 万年旧石器时代人类在此生息繁衍的历史，表明水洞沟人创造了灿烂的水洞沟文化。秦代在宁夏设县建制、派兵屯垦、兴修水利,开创了引黄灌溉历史,使宁夏成为中原内地与西北边疆交往的交通枢纽,农业文化与草原文化在此连接,农耕民族和草原游牧民族在此交会融合,中原农耕文化与塞外草原文化融合生成“塞上江南”黄河文化。汉武帝以来,历代开发黄河水利,移民垦殖,形成了宁夏移民文化。伴随黄河文化、移民文化的形成发展,“塞上江

水洞沟遗址考古 (李鹏/摄)

南"文化孕育而生,成为宁夏历史文化的一部分。

一、"塞上江南"文化根源于黄河文化

黄河流经宁夏,南起中卫市,北至石嘴山市,全长397公里,占黄河总长的7%。其干流与支流清水河流域面积达1万平方公里以上。千百年来,滔滔黄河水养育了宁夏人民,孕育了宁夏文明,形成了黄河文化。黄河文化揭示了人与黄河密不可分的关系,诠释了人水和谐、人地和谐、人与自然和谐的理念,是"塞上江南"文化的根系。

黄河文化与黄河水利息息相关,因水利形成的黄河文化积淀深厚。一是引黄灌溉文化。秦汉时开凿的秦渠、汉渠等灌溉工程浇灌着宁夏平原,滋养着宁夏各族儿女。据《史记》记载:秦皇汉武在宁夏屯田戍边、引黄灌溉,把茫茫草原、滩涂改造成西北最古老的一大灌区。两汉盛世，宁夏平原已成了“沃野千里，谷稼殷积，因渠以溉，水春河槽，用功省少，而军粮饶足”的富庶地区。经历代戍边垦殖，大兴黄河水利，宁夏这片古老的土地不断焕发着勃勃生机。二是黄河水运文化。黄河宁夏段地势平缓，由上而下流速每小时10～15公里，非常适于水运，自古就有舟楫之利。“冻解河开欲暮春，船家生理趁兹晨。土窑瓷器通宁夏，石炭连船贩水滨。”“叶叶风帆塞上行，黄河渡口认归程。分明春水江南思，天际咿呀一橹声。”这些千年绝句反映了古代黄河宁夏段水运之发达。据《魏书·刁雍传》记载：北魏名将刁雍任薄骨律镇地方官期间，兴修水利，恢复农业生产，发展水上交通运输。为保军需，克服陆运费时、费力、费钱等不利因素，奏请并征得魏帝同意，造船运谷，开展黄河水运，创造了黄河上游大规模水运之先河。古代先人渡黄河的水运工具有木船，也有浑脱，亦称皮囊、革囊，后来发展为皮筏，使用历史可追溯到西夏时期。明代，居住在河套一带的蒙古族部落，为避战火，常以牛皮浑脱为渡河工具，从平罗县东北选择渡口西渡黄河转入贺兰山以西的阿拉善草原。如今，中卫市沙坡头旅游景区用羊皮筏子这一原始、接地气的水上交通工具搭载游客畅游黄河，游人与黄河零距离接触，领略黄河的魂魄与磅礴气势。黄河宁夏段沿岸沟壑纵横，湖泊连属，与黄河沟通，形成了生态良好的鱼类栖息场所和洄游通道，便于鱼类产卵、育肥、越冬。一些江南移民来到宁夏，充分利用得天独厚的自然条件，发展渔业，使宁夏黄河两岸“村居多以渔为业”，捕鱼成为当地农民的重要副业，“鱼米之乡”“鳟鲫盈市”的繁荣局面呈现在黄河两岸。三是水利文化。黄河水利技术包含诸多内容，如工程布设、渠道岁修、草土埽工、盐碱防治等。北魏以前，宁夏地区的灌溉通常是大水漫灌，不知节律，浪费极为严重，且易造成盐碱化，严重影响农作物产量。刁雍主政宁夏后，开凿艾山渠，总结农业生产经验，提出“节水灌溉法”，即每十天为一旬灌水一遍，四水灌后谷方成熟。该项节水灌溉技术的推广应用，使宁夏平原成为塞上谷仓，成为北方输出粮食的大粮仓。

黄河文化是“塞上江南”文化的根系,没有黄河,“塞上江南”文化就成了无源之水、无本之木。2020 年 6 月,习近平总书记在宁夏考察时指出,黄河是中华民族的母亲河,是中华民族和中华文明赖以生存发展的宝贵资源。自古以来,黄河水滋养着宁夏这片美丽富饶的土地,今天仍在造福宁夏各族人民。宁夏要有大局观念和责任担当,更加珍惜黄河,精心呵护黄河,坚持综合治理、系统治理、源头治理,明确黄河保护红线底线,统筹推进堤防建设、河道整治、滩区治理、生态修复等重大工程,守好改善生态环境生命线。我们要牢记总书记的谆谆教诲,更加珍爱黄河、守护黄河、传承发展黄河文化,让“塞上江南”文化根系更加发达。

二、“塞上江南”文化伴随宁夏移民文化孕育发展

“塞上江南”文化的发展是伴随着移民历程走过来的,商周至明清的数千年间,迁徙频繁,宁夏境内民族众多,各民族在这片热土上繁衍生息、休戚与共、和睦相处,共同开发宁夏,创造了多彩的移民文化。

春秋战国后,宁夏境内设有县的建制,逐渐成为多民族进入的重要地区。秦汉以来,历代统治者出于开拓边疆、巩固边防和发展经济的需要,频繁从各地向宁夏移民。秦代在宁夏设北地郡,派兵屯垦,兴修水利,开启了宁夏引黄灌溉的历史。汉武帝时期,移民 70 万人,大规模开渠垦田,发展农耕经济,开创了宁夏移民文化的先河。南北朝和唐、元、明、清时期,宁夏成为历代王朝苦心经营之地,全国各地移民以空前规模纷纷进入宁夏,凿渠垦荒,引黄河水浇灌土地,将沧海变良田,荒漠变绿洲,开启了“天下黄河富宁夏”的新纪元。明代,一些读书人以官员和被流放者身份频繁进入宁夏,这些“知识移民”积极倡导中原先进文化,建立各类学校,带头吟诗作词,大兴儒学之风,给宁夏社会风貌带来了新的变化,促进了宁夏读书风气的空前高涨。

民国时期,因水灾、旱灾、蝗虫等自然灾害,大批流民涌入宁夏。抗战爆发后,大量沦陷区难民进入宁夏,尤以陕西、河南、山西、内蒙古、安徽等地居多。为阻止日军行进炸断黄河,花园口段河堤形成大片黄泛区,大批灾民被迫经陕西和内蒙古辗转进入宁夏。祖籍甘肃河州的马福祥、马鸿宾、马鸿逵等马系军阀主政宁夏带来的 2 万人部队遂成为军事移民。后孙殿英进犯宁夏惨败,被俘和投诚的 4 万人编入马系军队,也成为军事移民。国民政府从甘肃天水迁移 2 万移民进入宁夏从事垦殖。中国共产党在盐池县成立苏维埃政府,吸引了大批国统区移民迁入,促进了宁夏商业的繁荣发展。

中华人民共和国成立初期,宁夏留用一部分旧政权的业务干部和技术人员,又从中国人民解放军第一野战军十九兵团和周边其他部队及外省区抽调大批干部,充实到新政权机构各领域各岗位,解决了干部紧缺问题。1958 年,宁夏回族自治区成立,先后从外地调入宁夏,从事文化、教育、卫生事业的干部占自治区干部总数的 31.6%。为响应国家开发大西北号召,北京、上海、浙江等地大批移民千里迢迢支援宁夏,投入到以农业生产为主的艰苦劳动之中。一批从全国各医学院、护校分配至宁夏的年轻人和天津支宁的医务人员成为宁夏医药卫生系统的中坚力量。一批具有较高文化层次、较高学识或掌握一定专业技术与技能的特殊人才从上海、北京等到宁夏,接受"劳动改造",成为宁夏当代移民中的知识力量。后来一批灾民滞留各地,也成为宁夏当代移民垦殖不可或缺的力量。据统计,20 世纪 50 年代,宁夏迁入人口增长幅度最大,十年间从区外迁入人口 106.51 万。

20 世纪 60 年代,浙江、北京等地大批青年响应国家"知识青年上山下乡"号召来到宁夏;外省一些企业及人员在"三线"建设与工业移民热潮的感召下整体迁移来到宁夏,助推宁夏工业发展;石嘴山市在"三线"建设与工业移民进程中孕育而生,成为当代移民城市、国家十大煤炭工业基地之一。据统计,20 世纪

60年代,区外迁入人口86.11万,迁出人口高达96.53万,呈负增长态势,是有史以来宁夏移民唯一锐减的时期。

20世纪70年代,宁夏迁移人口增幅较小。一部分外省农村人口通过投亲靠友等渠道迁入宁夏引黄灌区农场、农村,从事农业生产;一部分迁入城镇,从事工商业、手工业生产。据统计,20世纪70年代,区外净迁移人口12.21万,迁入多于迁出。

20世纪80年代,宁夏迁移人口增幅较稳定。这一时期,宁夏推行人才引进、劳务输出、商业移民、科教人才移民工程,吸引大批人才投身宁夏改革开放和经济建设行列。一批知识分子家属4万人落户宁夏,5万余名煤矿职工家属落户定居宁夏。全国各地大批大中专毕业生分配到宁夏,成为各行各业的骨干力量。据统计,20世纪80年代,区外净迁移人口15.67万,迁入多于迁出。

20世纪90年代,宁夏移民迁入人口明显增多。在社会主义市场经济的推动下,浙江、陕西、甘肃、河南、四川等地移民迁入宁夏从事工业、商贸活动,移民人口急剧增加,银川温州商城建设和营运即是温州人在宁夏发展商业的一个缩影,几十年来已完全融入宁夏社会。首府银川及各市、县纷纷出台户籍改革措施,打破计划经济时代户口管理机制藩篱,人口迁移表现出强烈的经济型、自主型。政府适时转变职能,实现了从干预型、组织型向引导型、服务型转变。宁夏扶贫扬黄移民开发工程(亦称"1236"工程)建设安置一大批军队转业干部,带来四五万移民。据统计,20世纪90年代,区外净迁移人口18.42万,高于20世纪七八十年代。

2000年后,伴随着西部大开发的号角,许多有资金实力、技术含量的企业和个人纷纷来宁创业发展,相当一部分人成为新的移民。据调查,目前宁夏常住人口来自全国31个省、自治区、直辖市,可谓"宁夏有天下人"。据公安部门对银川市人口统计调查,市区人口中祖籍银川的仅占2.9%,绝大部分人口来自外地，银川已成为一个典型的移民城市。

事实表明：区外迁入移民对宁夏经济社会发展贡献巨大，为宁夏注入了新鲜血液和创新理念。浙江人的精明灵活、四川人的吃苦耐劳、河南人的敢闯敢干给宁夏烙上了深刻的印记，上海等地的移民将江南人的细腻与温柔注入到了宁夏人的粗犷、豪放之中，刷新了宁夏人的思想观念。工业移民的涌入把工业文明的生活观念和生活方式也带进了宁夏人的社会生活。

三、“塞上江南”文化是宁夏历史文化的一张亮丽名片

“塞上江南”，初名“塞北江南”，早期指的是宁夏黄河河东灌区，今天指的是包括银川市、吴忠市、石嘴山市、中卫市在内的宁夏平原。宁夏平原位于祖国西北高山荒漠边，虽地处半干旱地区，却有着江南般的风光和肥沃土地，大漠金沙、黄土丘陵，水乡绿稻、林翠花红等自然景观不仅对比强烈而且巧妙融合，犹如一个刚刚揭开面纱的少女，内在美和外在美融集一身，令人遐想。

宁夏平原是中国水稻集中产区之一，秦汉时，人们把宁夏平原与当时全国最富庶的关中地区同等看待，称这里为“新秦中”。后经历代治理，宁夏平原沟渠纵横、良田遍布，稻花飘香、鱼虾满塘，酷似江南鱼米之乡。很早以前，迁入宁夏的江南人，将尚礼好学融入宁夏，用先进的思想和娴熟的农业生产技术与经验，把江南文化与宁夏文化高度融合，给塞上文化刻上了江南标签，插上了腾飞的翅膀，让塞上宁夏成为了富饶的“塞上江南”。今天，登高俯瞰，雄浑奔腾的黄河从宁夏平原穿过，境内湖泊水系相连，土地肥沃，物产丰富，田园色彩斑斓，一幅“塞上江南“的锦绣画卷尽收眼底。2020 年 6 月，习近平总书记考察宁夏，来到银川市贺兰县稻渔空间乡村生态观光园，听取宁夏现代农业发展、农业合作社带动农民增收致富运营模式情况汇报，观看宁夏特色农产品展示，了解稻渔种养业融合发展。他兴致勃勃地登上观景塔，俯瞰园区全貌。他强调，发展现代特色农业和文化旅游业，把保障农民利益放在第一位。要注意解决好稻水矛盾，

稻渔空间 (张绍慧 / 摄)

采用节水技术,积极发展节水型、高附加值的种养业,保护好黄河水资源。我们要以此为契机,充分利用黄河水资源,将特色农业和文化旅游高度融合,让"塞上江南"这张亮丽名片更加绚丽夺目,让宁夏历史文化更具魅力。

综上所述,"塞上江南"文化根源于黄河文化,伴随移民文化孕育发展。"塞上江南"文化与黄河文化、移民文化等主干文化及其他各具特色的多元文化碰撞交流、吸收补充、交相辉映,成为宁夏历史文化不可或缺的重要组成部分。我们坚信:"塞上江南"文化这张亮丽的名片一定会在习近平新时代中国特色社会主义新征程中更加夺目耀眼,一定会在实现中华民族伟大复兴中国梦的历程中更加绚丽多彩,一定会在决胜全面建成小康社会、决战脱贫攻坚,继续建设经济繁荣、民族团结、环境优美、人民富裕的美丽新宁夏进程中绽放出奇光异彩,助推宁夏经济社会发展,助推宁夏全域旅游发展。

参考文献：

[1]李玉洁. 华夏文明最早在黄河流域形成[J]. 华夏考古. 2018(04).

[2]罗佳利. 宁夏历史文化悠久根文化——黄河文化干文化——移民文化[J]. 人民黄河. 2018(10).

[3]杨森翔. 历史上的移民运动与宁夏地域文化[J]. 华夏考古. 2019(04).

[4]陈小江. 可持续的黄河水资源管理[J]. 人民黄河. 2019(10).

（苏桢，固原市原州区文化馆助理馆员，主要从事地域文化研究。）

黄河文化宁夏段的传承与保护研究

宁夏区域黄河文化特点与保护传承发展的思考

◎ 李进增　李　鹏

摘　要：黄河文化是黄河流域劳动人民创造的全部物质财富和精神财富的总和，黄河流域所蕴藏的重要文明成果是彰显黄河文化特质的符号。在新的历史条件下重新认识黄河文化的内涵，要紧紧围绕黄河流域生态保护和高质量发展的目标需要，从不同历史阶段、不同区域视角对黄河文化所蕴含的时代价值进行概括和提炼。宁夏区域黄河文化的特点具有全域性、根源性、兼容性、融合性。通过对宁夏区域黄河文化的研究，梳理宁夏区域黄河文化遗产保护传承发展现状，可推动黄河文化的资源梳理、内涵阐释、交流合作、传承发扬等重点工作，努力建设黄河流域生态保护和高质量发展先行区，在先行先试中保护好、传承好、弘扬好黄河文化。

关键词：宁夏；黄河文化；传承发展

黄河是中华民族的母亲河，是中华民族和中华文明赖以生存发展的宝贵资源。根植于黄河流域的黄河文化是中华文明中最具代表性、最具影响力的主体文化，是中华文明的重要组成部分，是中华民族的根和魂。黄河文化是一个层次多样、结构复杂的有机整体，有其内在的统一性，但具体反映在流域九省区，则呈现出不尽相同的内涵与特色。通过对宁夏区域黄河文化蕴含的时代价值与地域特点进行梳理,进一步增强保护传承弘扬黄河文化的使命意识,结合推动黄河文化创造性转化、创新性发展,对宁夏区域黄河文化保护传承发展谈几点思考和认识。

一、对黄河文化的理解与认识

黄河文化是黄河流域劳动人民创造的全部物质财富和精神财富的总和,黄河流域所蕴藏的重要文明成果是彰显黄河文化特质的符号,其中文化遗存是最重要的物质载体。

黄河流域生态保护和高质量发展,是以习近平同志为核心的党中央作出的重大决策,是一项重大国家战略。保护传承弘扬黄河文化,是铸牢中华民族共同体意识的必然要求,是坚定文化自信的必然要求,是促进沿黄地区经济社会高质量发展的必然要求,是提高中华文化影响力的必然要求。

黄河文化是中华文化的根源文化、核心文化、主干文化,要系统梳理黄河文化的孕育、演进和发展历程,揭示黄河在中华文明演进、中华民族融合发展中的重要地位和作用;要系统研究阐释黄河文化的精神标识,重视历史文化保护传承,保护好中华民族精神生生不息的根脉。要推进黄河文化遗产系统保护,延续中华文化基因和历史文脉,像爱惜自己的生命一样保护好黄河文化遗产,不断提高黄河文化遗产保护水平。深入挖掘黄河文化蕴含的时代价值,讲好“黄河故事”,延续历史文脉,坚定文化自信,为实现中华民族伟大复兴的中国梦凝聚精神力量。

二、宁夏区域黄河文化蕴含的时代价值

黄河流域是中华民族的主要发源地,在100万年前就有人类在此居住,也是中国早期文化形态的主要诞生地。在距今4000多年前,黄河流域已有比较成熟的旱作农业和一定规模的畜牧业,还有大量的文字符号,国家形态已具雏形。黄河流域的夏、商、周三代最早进入文明社会。从春秋战国到秦汉王朝大一

统时代,黄河流域经历了多元并立和多元一体的文化融合过程,形成了黄河文化的完整体系。随着历史的演变,这个体系在各民族的逐渐统一和融合进程中茁壮成长,文化内涵也不断地丰富和发展,最终形成了以黄河文化为核心、多元一体的中华文明。在新的历史条件下重新认识黄河文化的内涵,要紧紧围绕黄河流域生态保护和高质量发展的目标需要,从不同历史阶段、不同区域视角对黄河文化所蕴含的时代价值进行概括和提炼。

(一)黄河文化在宁夏展现着强大的生命力和延续性

宁夏遍布着石器时代的文化遗址,水洞沟旧石器时代遗址的发现表明,4 万年前黄河岸边已有古人类繁衍生息;鸽子山细石器遗址的发掘和采集的大量石制品及以籽粒为代表的植物性食物表明,距今 1 万年前人类食物链扩展与食物广谱化,揭示了人们通过对植物类食物加工驯化,从而萌生了原始农业。这些都证明位于黄河流域的宁夏是中华文明的重要组成部分,是黄河文化体系中重要的区域文化组成部分,展现着强大的生命力和延续性。

鸽子山遗址考古发掘现场 (李鹏 / 摄)

(二)黄河文化在宁夏体现着人与自然的和谐发展

菜园文化是迄今为止唯一以宁夏地名命名的新石器时代文化,是清水河、葫芦河、泾河等黄河流域先民共同创造的具有浓厚地域特征的原始文化,窑洞式房屋是目前我国所发现的最早的窑洞式房屋之一,其中最大的一座被称为中国"窑洞之祖",表明这一时期人们已熟练掌握窑洞的挖掘和建造技术,创造了黄土高原地区新的居住形态并一直延续至今。距今 4800 ~ 3900 年, 先民共同创造了一种以长期居住为依托,农牧兼营,辅以狩猎捕捞的综合经济,体现了先民遵从自然环境,因地制宜,取之有时、用之有度的多样化生存方式。菜园文化遗址丰富了黄河流域早期的生产生活居住形态,有助于人们在历史与现实交汇中探寻人地关系和谐发展的根本途径。

(三)黄河文化在宁夏呈现着中华民族多元一体的发展脉络

宁夏自古就是农耕与游牧民族的交会地带,特殊的地理位置和自然环境使之成为一个多民族共同生存的地区。春秋战国时期,华夏民族与西戎、北狄等民族在此融合,逐水草而居的生存方式,共同的地域环境使他们在政治、经济、文化等诸多方面都有密切交往,多民族间的生物基因也产生了广泛而深入的交流。固原于家庄墓地、杨郎墓地出土的北方系青铜器,是黄河流域最早的农耕文化与草原文明的结晶。人口迁徙、战争、贸易和文化交流等促进了黄河流域"大一统、大融合"的主流趋向,见证了中华民族多元一体的发展历程,展现出黄河文化开放、包容的气质,为构建人类命运共同体提供了历史范本。

(四)黄河文化在宁夏彰显着对世界文明进程的独特贡献

宁夏引黄灌溉始于秦汉, 这一地区的先民充分利用得天独厚的地理条件,因势利导,开渠引水,节流灌溉。在长期的用水、治水实践中,引黄灌溉渠道长度、灌溉面积不断发展,形成了汉代的激河浚渠、西夏的卷埽治河、元朝的更立闸堰、明代的十里长堤、清朝的规模开渠等领先于其时代的治水技术,以及西夏《天盛律令》治水法律、明代分灌封俵等可持续性运营管理制度,都是黄河文化中最闪亮的篇章。宁夏引黄古灌区作为黄河干流上首个世界灌溉工程遗产,不仅是具有突出意义和普遍价值的灌溉工程体系，而且是中国古代对大江大河有效开发和利用的范例，彰显出宁夏地区黄河文化对世界文明进程的独特贡献。

（五）黄河文化在宁夏展示着移民开发的历史样本

宁夏是最早开发西北的先行区之一，秦始皇派蒙恬北击匈奴、修筑长城，以黄河为天险设置44个县，收复河套地区并大规模移民屯垦、巩固边疆。西汉时期拓展疆域、兴修水利、发展农业，宁夏地区引进了中原的农作物栽培技术和先进生产工具。此后历朝历代都在此设置郡县，建立有效的行政管辖，维护西北地区的稳定。在宁夏地区移民屯田、发展农业的同时，也带动了商业、手工业、畜牧业和城镇的发展，移民开发对国家疆域的拓展、民族的融合、地域文化的形成等发挥着重要作用。黄河流域的先民们在漫长的生产生活实践中遵从“天地人和”的思想，为当代生态文明建设和移民开发提供了历史经验。

三、宁夏区域黄河文化的特点

“天下黄河富宁夏”，宁夏依黄河而生，因黄河而兴，由黄河而美。加强宁夏区域黄河文化研究，既可为认识黄河文化的内涵拓展新的层面和元素，又能提供不同的视角与方法。

（一）全域性

宁夏地处黄河流域上游，总面积6.64万平方公里，是沿黄9个省区中唯一一个全境属于黄河流域的省份。黄河自中卫市南长滩入宁夏，至石嘴山市麻黄沟出境，流经宁夏397公里，全区近90%的水资源来自黄河。宁夏按地形分为贺兰山地、六盘山地、宁夏平原、东南部高原，发源于六盘山的黄河支流清水河南北纵横其中。宁夏平原引黄灌溉地理条件得天独厚，自古享有“塞上江南”的美誉，也是当代的十大“新天府”。

（二）根源性

黄河文化在宁夏孕育时间早，延续时间长。鸽子山遗址考古揭示出1万年前贺兰山下古人类对植物类食物的加工和原始农业的萌生,使之成为黄河文明最早的发祥地之一。黄河文化在宁夏的主体是农耕文化，早在2000多年前的秦汉,先民们就在此开创了自流灌溉、无坝引水等水利工程奇迹,造就了我国特大型古老灌区之一。宁夏引黄古灌区现有古渠总长度1292公里,灌溉面积828万亩,其蕴含的文化价值充分体现了这一地区黄河农耕文明的形成、特征以及变迁发展历史。

(三)兼容性

宁夏处在北方草原文化和农耕文化的交会地带,秦汉时期开启了宁夏大规模移民戍边的历史,此后历朝历代皆循此法。凭借和依赖宁夏便利的引黄灌溉地理条件,明朝在这一地区大力发展军民屯垦。历经了战国、秦汉、隋、唐、宋等历史时期,目前宁夏遗存可见长城墙体1000多公里,有“中国长城博物馆”的美誉。长城作为农耕民族与游牧民族的地理分界线,展现了宁夏农耕与游牧两种文化冲突、传播、交流、变迁与融合的历史。

(四)融合性

宁夏曾是丝绸之路东段北道的交通要冲,南部的原州(今固原市)和北部的灵州(今吴忠市)是丝绸之路文明交流互鉴的重要节点。宁夏作为中华文化对外传播交流的一条重要通道,固原北周李贤墓、固原南郊唐墓、吴忠隋唐墓地,以及盐池窨子梁唐墓出土的鎏金银壶、玻璃碗和石刻胡旋舞墓门等文物,表明这一地区既向外传播扩散自己的文化,也积极吸收外来文化,彰显出黄河文化求同存异和兼收并蓄的特点。

四、宁夏黄河文化遗产保护传承发展现状

近年来,宁夏合理统筹黄河文化遗产保护,处理好文物保护与沿黄地区整体经济社会发展关系,推动黄河文化内涵深入挖掘,立足丰富的文化遗存,讲好“黄河故事”。

(一)健全文物保护法律法规,夯实文物保护能力

通过地方性立法的形式加强文物保护,先后颁布实施《宁夏回族自治区岩画保护条例》《银川市历史文化名城保护条例》《吴忠市红色文化遗址保护条例》等地方性法规,新颁布实施的《宁夏回族自治区引黄古灌区世界灌溉工程遗产保护条例》是宁夏推进黄河文化遗产系统保护的具体实践;先后编制完成水洞沟遗址、一百零八塔、董府、鸣沙洲塔等全国重点文物保护单位的保护规划和南长滩、北长滩、石佛寺村等传统村落和历史文化名村名镇的保护利用规划;实施须弥山石窟保护修复工程及明长城银川三关口段、青铜峡北岔口段等抢险加固保护工程,为实现文化遗产的永久保护和永续利用奠定坚实基础。

(二)提高考古研究水平,提升展览展示手段

通过对水洞沟遗址、鸽子山遗址、姚河源遗址等进行持续、系统、科学的考古工作,不断揭示宁夏地区黄河文化的历史渊源、发展脉络,鸽子山遗址、姚河源遗址考古成果分别被评为2016年度、2017年度“全国十大考古新发现”。在全国博物馆十大陈列展览精品推介活动中,固原博物馆基本陈列“千年固原 丝路华章”、宁夏回族自治区博物馆(以下简称宁夏博物馆)“朔色长天——宁夏通史陈列”分别获2016年度精品奖、2019年度优胜奖。宁夏文博机构与澳门、贵州、浙江等地博物馆联合举办各类展览,推出“丝路古忆——西夏文物精品展”“唐蕃古道——七省区精品文物联展”“青铜之路——宁夏固原两周时期北方青铜器特展”“宁夏贺兰山岩画拓片精粹展”等特色精品文物展览,集中展示了宁夏黄河沿线文物的艺术魅力和深厚的文化内涵。

(三)加强文博机构合作,创新文化传播方式

由宁夏博物馆参与发起成立的“黄河流域博物馆联盟”,在陈列展示、学术研究、社会教育、文创开发等方面开展广泛合作。沿黄九省区首批48家文博机构先后在郑州、北京召开研讨会,形成“博物馆自觉担当起黄河文化的保护者、传承者、见证者与参与者”的共识;与央视《国家宝藏》栏目合作推出“黄河之水天上来”国宝音乐会,以文物为载体,以文艺为形式,讲述黄河故事。宁夏博物馆馆藏国宝“石刻胡旋舞墓门”通过乐舞表演勾连融汇,更是激发了观众、网友对黄河文化的认同和情感共鸣。沿黄九省区博物馆在疫情防控闭馆期间,联合推出“云探国宝”腾讯直播活动,9 家博物馆在 3 天直播活动中吸引超 1200 万网友在线观看,宁夏博物馆通过“云端”观展方式,进一步拓展了黄河文化传承载体和传播渠道。

(四)加强文旅深度融合,传承发展黄河文化

宁夏与内蒙古文化旅游部门共同打造黄河文化旅游协同发展的品牌,双方签署了《蒙宁文化和旅游协同发展合作框架协议》《“4+4”沿黄城市文旅合作框架协议》,推动宁蒙两地沿黄流域在黄河文化资源挖掘、生态保护、文脉传承、共推共建等区域合作。依托宁夏黄河沿岸的水洞沟遗址、一百零八塔、石空大佛寺、中卫高庙等文化遗产资源,融合中华黄河楼、大禹文化园、中华黄河坛、宁夏水利博物馆、贺兰稻渔空间等现代人文景观,全力打造黄河文化旅游带。中卫黄河宿集在保留当地民居夯土建筑风格的基础上,把黄河文化融入其中,推动了文化和旅游高质量发展,增强了黄河文化的影响力和感召力。

中华黄河楼暮色 (李鹏 / 摄)

中华黄河坛 (李鹏 / 摄)

五、保护传承弘扬黄河文化的展望

自古以来,黄河水滋养着宁夏这片美丽富饶的土地,今天仍在造福宁夏各族人民。宁夏要努力建设黄河流域生态保护和高质量发展先行区,在先行先试中要保护好、传承好、弘扬好黄河文化,着力打造黄河文化彰显区,以感恩之心尽好保护黄河之责,以奋进发展之势推进美丽新宁夏建设。

(一)加强黄河文化的资源梳理和顶层规划

开展黄河文化资源的研究梳理,摸清并掌握宁夏黄河文化资源的种类、数量、分布状况等。建立权威的、动态的,涵盖人文历史、自然生态的黄河文化资源数据库。结合地域文化特点,围绕规划编制、任务落实、项目推进等,进一步完善黄河文化保护传承弘扬工作协调机制,形成推动高质量发展的强大合力。

(二)强化黄河文化的内涵阐释和宣传教育

规划一批研究黄河文化物质内涵、精神实质和时代价值的课题项目,采用多学科联合攻关、分阶段实施的方式,推出一批高质量的研究成果,深化对黄河文化的内涵阐释和定性解读。推动西夏陵申报世界文化遗产,引导博物馆、纪念馆以及文化旅游景区,充分利用与黄河文化相关的文化遗产资源,精心推出一批黄河文化专题展览和文化体验等活动。

(三)深化黄河文化的交流合作和传播推广

加强沿黄九省区相关行业部门交流合作,协同开展国际文化交流,推动黄河文化走出去,持续开展“黄河故事”的挖掘整理和传播转化。提高大众传媒的科学性、吸引力和影响力,发挥新媒体传播平台作用,积极推广以互联网、大数据、人工智能为引领的科技手段,加强智慧平台建设,拓展黄河文化的传播渠道,探索形成多样态、多渠道、多元素的黄河文化传播推广体系,让黄河文化深入人心。

(四)拓展黄河文化的传承载体和弘扬渠道

挖掘深厚的黄河文化资源,打造具有影响力的黄河文化旅游带。以中华黄河楼、中华黄河坛、宁夏引黄古灌区等文化景观为依托,将黄河沿线自然景观与人文精神有机结合起来,拓展文化遗产的教育、旅游观光功能,形成具有特定开放空间的文化传承载体。做好黄河、长征、长城国家文化公园建设,深度开发演艺、节庆、展会、赛事等活动,拓展黄河文化弘扬渠道。

参考文献:

[1]李玉洁.黄河流域的农耕文明[M].北京:科学出版社.2010.

[2]黄河水利委员会黄河志总编室.黄河人文志[M].河南:河南人民出版社,2017.

[3]薛正昌.宁夏历史文化地理[M].银川:宁夏人民出版社,2007.

[4]白述礼.史学探微[M].北京:中国文化出版社,2013.

[5] 苗长虹, 艾少伟, 喻忠磊. 黄河文化的历史意义与时代价值 [N]. 河南日报, 2019-11-01(9).

[6]周奉真,张景平.从区域视角讲好“黄河故事”[N].光明日报,2020-05-12(6).

(李进增,宁夏博物馆馆长,研究馆员,主要从事田野考古与研究、博物馆管理与文物鉴定等工作。李鹏,宁夏博物馆副研究馆员,主要从事宁夏长城、宁夏引黄古灌区文物保护与研究、文物摄影宣传等工作。)

文旅融合背景下黄河文化的传承与弘扬

◎ 陈维良

摘　要：文旅融合的时代，给黄河文化的传承与弘扬提供了难得的发展机遇，黄河文化与旅游融合，产生了可感、可触、可亲近的形象，通过真实可感的载体走进中华儿女心田。抓住这个重要历史契机，丰富黄河文化资源内涵，在已有的研究基础上不断创新，根据黄河流域宁夏段的文化构成，进一步提出黄河文化和旅游融合的实践路径，对传承弘扬黄河文化意义深远。

关键词：文旅融合；黄河文化；传承；弘扬

理论自觉、文化自信，是一个民族进步的力量。在新时代，文化作为国家软实力的重要体现，不仅在铸就国家形象、挺起民族脊梁方面发挥着重要作用，还能为经济触发新的增长点，带动旅游业发展，为文旅深入融合发展提供动力。黄河文化作为中华优秀文化的重要组成部分，是中华民族的根和魂，其重要性不言而喻。在新时代文旅融合的背景下，关于黄河文化的传承与弘扬问题值得深思。

一、文旅融合的时代契机

2018 年 4 月，中华人民共和国文化和旅游部正式在北京挂牌，标志着我国文旅融合开启了新阶段，同时也为黄河流域的文化传承提供了新思路。文旅融合的发展契机将作为传承和弘扬黄河文化的重要手段,助推黄河文化旅游产业发展,向世界讲好中国故事。政府上下各级形成了“宜融则融,能融尽融;以文促旅,以旅彰文”的工作思路,并组建相关机构积极落实,顶层设计、规划引领、高位推动、投资补贴、加强监管等传统做法仍然是指导文旅深入融合的主流思路,但要真正实现文化和旅游发展的全面融合还存在一定的困难。

(一)国内案例分析

目前,国内关于文化与旅游产业融合发展的研究,主要集中在融合机理和融合路径两大方面。其中,融合机理偏向于理论研究,以研究促进文化与旅游业融合发展的因素、产业联动的原则为多;融合路径在前者理论研究的基础上,多以省域或县域的案例辅助,探讨文旅融合发展的途径与新路子。

文化与旅游产业融合机理的研究集中于理论探讨,学术界针对目前的融合机理提出了理论层面的建议与设想。曾博伟、安爽提出文旅融合的改革应以满足人民对于未来文化与旅游生活的新期待为落脚点,正视文化产业重社会效益与旅游产业重市场经济规则的差异,借助“一带一路”倡议和乡村振兴战略平台,推动文化和旅游领域的改革。蒋昕、傅才武的研究以乡村文旅作为国家文旅融合发展的政策着力点,提出通过完善公共文化服务体系来激活乡村文化的内在价值,关联带动文旅融合与全域旅游发展。孙建锋、纪晓萌等以山东省17个地市为研究对象,探索文化与旅游产业协调发展的优化机理,结果显示:文化资源与旅游产业耦合协调发展的驱动机制涉及文化资源的基础条件、政府宏观政策、旅游市场需求及经济基础等诸多因素。

文旅融合路径的研究在理论研究的基础上多以案例的形式出现,探讨特定区域的融合发展新路径。梁峰、郭炳南在文、旅、商融合发展的路径研究中以江苏无锡为例,提出构建文化聚集区、旅游聚集区、商业聚集区与大型城市综合体,激活地方文化,打造极具地方特色的文旅商集聚区。张朝枝、朱敏敏就“文旅融合”这一热词分析了二者在各阶段可能面临的挑战:构建文化认同的第一层路径具有吸引属性,但可能会招致文化工具性的批判;利用文化可参观性提高旅游体验的第二层路径往往会因文化商品化而导致衰落;文化旅游产品的进一步商业化作为第三层路径可以践行和延伸文旅融合,但易导致过度商业化和文化体验失真。

(二)国外研究方法

文旅融合的概念本质上是两个产业的融合，在产业融合类型划分的研究中,Malhotra(马尔霍特拉)的研究提出,产业融合分为功能融合和机构融合,发挥替代性和互补性作用的是功能融合，产业的产品相互联系的是机构融合。Curran(科伦)认为,产业融合是以科学技术的融合为主线,沿着学科交融、技术合作,最终以产业交融的路径进行融合发展。产业融合路径是关键引领,但还需考虑外溢因素。Chesbrough(切斯布洛)和Rosenbloom(罗森布鲁姆)认为,新型的商业模式可以将技术投入转变为经济产出，当技术溢出进入到其他公司,那么技术融合就可以转变为产业融合。Hauschildt(豪谢德)认为,创新、技术和知识的扩散都是产业融合的重要驱动力。

(三)新的发展契机

纵观已有的研究,在文旅融合的机制与路径方向上已经比较详尽,已有的成果从理论层面和具体地域案例层面都详细地分析和研究了两大产业融合发展的条件、影响因素、面临的挑战等。文化是一个广泛的概念,不同地域孕育着不同的文化内涵,将中国文化广而纳之,不仅失去了地方文化的特质,而且导致结论失之偏颇。但中国地域广阔,不能一一详尽论证。黄河文化作为中国文化的重要组成部分,孕育着中华民族优秀的文化和理念,在文旅融合的热点驱动下,将黄河文化作为主要研究对象,无论是对于地方还是国家的文旅融合发展,都具有重大意义。同时,文旅融合这一时代背景也为黄河文化的传承和发展提供了新的契机。

二、黄河文化与旅游融合的历史文化基础

黄河文化繁荣于黄河三角洲,其历史悠久、文化底蕴深厚,蕴含着兵学文化、民俗文化、自然生态文化等各类历史文化资源。其中以东方朔、范仲淹等为代表的历史名人文化,以木版年画、吕剧为代表的非物质文化遗产最为突出。这些都为黄河三角洲地带的旅游发展提供了坚实的文化基础。

(一)黄河三角洲历史文化资源构成

黄河三角洲历经时代变迁,留下了丰富的地上地下文化遗存,仅新石器时期的文化遗址就多达9处,如傅家遗址、五村遗址等,历史上的莱州作为胶东地区经济、政治文化中心,孕育着异彩纷呈的远古文化。除了彰显黄河古文化风情和魅力的遗址,黄河三角洲地带还建有风格迥异的古建筑,如有"北金山"之称的江北最大净宗寺院——庆云海岛金山寺,我国目前保留最完整的居民建筑群——魏氏庄园。"黄河清,圣人出",悠久的黄河文化哺育了一代又一代圣贤:兵圣孙武为之代表,其所著的《孙子兵法》被奉为"千古武学之圣",义不帝秦的鲁仲连,"海岱清士"李焕章,一代名相范仲淹等,这些仁人志士无不流芳千古。除却文人逸士,还有丰富的工农业旅游资源,如"蔬菜之乡"寿光、争创一流的魏桥集团、老工业基地莱阳。从文化底蕴到文人雅士,再到旅游基地,黄河文化资源的丰富内涵亟待我们去挖掘和探索。

(二)黄河文化资源旅游开发的SWOT分析

SWOT分析常被用于集团发展战略分析中,S即Strength(优势)、W即Weakness(劣势)、O即Opportunity(机遇)、T即Threat(威胁),SWOT分析法即分析研究对象的优势、劣势、机遇、威胁,从而得出能够响应的结论指导实践活动。目前,旅游产品的开发战略也常选用SWOT分析作为研究方法。

1. 优势(Strength)

黄河文化绵延人类历史长河,记录历史发展、时代特色、人文底蕴,在黄河流域内孕育出了璀璨的黄河文明。黄河流域文化资源禀赋各异,如“吕剧之乡”、莱州月季花节、壶口瀑布、黄河大峡谷等。沿黄地带虽相较其他地区经济发展较为缓慢,开发也相对滞后,但客观上反而保留了较为优良的生态环境,在此基础上找到适合自身的旅游开发模式,因而具有后来居上的优势。

2. 劣势(Weakness)

沿黄地区的经济水平成为黄河文化未来传承和发展的阻碍之一。虽然近几年沿黄地区的经济发展水平已有了大幅提升,国家政策也在积极倾斜,但是沿黄地区经济总量与人均经济水平与全国其他地区尤其是沿海地区相比还存在较大差异。经济条件限制导致资金投入不足,旅游业不能作为一个良好的载体和媒介对黄河文化的传承和发扬起到关键性作用。同时,整体经济的落后对吸引外商投资和外资进入也不具备优势,加之沿黄地区资源分布较为分散,资源不集中导致文旅融合难以形成合力,缺少龙头品牌的引领,很难做到区域内系

黄河青铜峡段 (李鹏 / 摄)

统性的整体开发与建设。

3. 机遇(Opportunity)

近年来旅游业的蓬勃发展为黄河文化的传承提供了有利的平台。2009年出台的《国务院关于加快发展旅游业的意见》,2013年出台的《国民旅游休闲纲要(2013—2020年)》,2014年出台的《关于促进旅游业改革发展的若干意见》,2015年出台的《全国旅游工作会议报告》等大大提升了旅游业的地位,沿黄地带可以抓住机遇,因势利导,积极响应文化和旅游部的号召,为旅游业注入文化因子,将文化赋予旅游新内涵,促进文化和旅游两大产业的融合发展。现代的旅游不仅仅是消费与享受,也不局限于游客对自然风光的单纯欣赏。去了解地方特色和探寻文化魅力已成为游客出行的一大动机。在旅游和消费升级的时代,文化作为文旅融合发展的根基,不仅可以满足游客多样化的需求,而且通过挖掘并整合黄河文化资源,可以为其全面可持续发展提供重要支撑。

4. 威胁(Threat)

黄河历史文化资源与保护开发的矛盾。沿黄地带开发较晚,部分地区还保留着较为原始的地貌和特色,如何在深度开发历史文化资源的同时保留原有特质,防止现代文明的侵蚀,这将是未来面临的重大挑战。历史文化资源是脆弱的,一经毁坏便难以复原,故而在旅游业促进黄河文化传承的过程中保护工作的开展也刻不容缓。

黄河文化资源的SWOT分析表明, 对其进行旅游开发带动文化传承的优势与劣势并行,同时也面临着机遇与挑战,但通过合理的产业融合与开发,扬长避短,抓住机遇,迎接挑战,黄河文化的发展势必会迎来又一春天。

三、文旅融合带动黄河文化传承的实践与思考

黄河发源于青藏高原,全长约5464公里,流经九省区。黄河和中华民族一起孕育了深沉厚重的中华文明,在相当长的历史时期,中国的政治、经济、文化中心一直在黄河流域。2019 年 9 月，习近平总书记在河南主持召开黄河流域生态保护和高质量发展座谈会并发表重要讲话，他指出：“要深入挖掘黄河文化蕴含的时代价值，讲好黄河故事，延续历史文脉，坚定文化自信……保护传承弘扬黄河文化，让黄河成为造福人民的幸福河。”2020 年 6 月习近平总书记视察宁夏时指出黄河对宁夏地域和宁夏人民的重要作用，并提出传承和弘扬黄河文化的总体要求。习近平总书记的讲话，是我们传承和弘扬黄河文化的行动指南和根本遵循，为保护、传承、弘扬黄河文化指明了方向。

（一）抓住黄河文化开放包容特色，丰富黄河文化的地域内涵

黄河流经地域广阔，黄河文化融合了各民族文化。随着时代的发展，流经区域经济发展不均衡，文化形成各具特色，各地要根据地域发展需要不断丰富黄河文化内涵，彰显黄河文化的博大精深。比如吴忠市的红寺堡区，它是全国最大的易地扶贫生态移民区，在黄河水的滋养下，当地移民已经脱贫致富，“共产党好，黄河水甜”是移民感恩的肺腑之言。就文化构建而言，移民感恩之情赋予黄河文化新内容，打造移民文化是对黄河文化注入的新鲜血液，会使黄河文化历久弥新。

（二）凭借现代多媒体手段，使得黄河文化更加鲜活

黄河流域名胜古迹众多，文化遗存多样，在当前文旅深度融合的机制下，可以让文物鲜活起来。各地利用自己的馆藏和古迹，利用“互联网 +”、博物馆长与文物、多终端推送、体验游等多种现代多媒体手段，讲好“黄河故事”，开展极富地域特色的活动，让游客特别是年轻一代真切感受到古老黄河带给他们的精神滋养，在日常活动中享受文化的熏陶，从而坚定文化自信，增强民族自豪感。

（三）合理规划活动，着力强化黄河文化认同

黄河文化具有“天下一统、四海归一”的哲学内涵，黄河流域不同时期的先贤圣人更是其中代表。目前在黄河流域各地已开展了不同时段的纪念活动，如

3月3日河南新郑的黄帝故里祭祖大典、清明节的陕西黄帝陵扫墓、6月22日甘肃的伏羲大典等，作为国家重要文旅活动已经成为世界华人的共同心声，其意义不在活动本身，而是全球中华儿女强化同祖同宗意识的坚强精神力量，海外华人积极参加此类活动，不仅是对黄河文化的认同，而且是对同祖源流的认同。

(四)加强对外传播，助推黄河文化走向世界舞台

黄河流域所孕育产生的古老文化是全人类的瑰宝，我们有责任、有义务让世界了解中国的黄河文化。在四大文明古国中只有中华文明延续至今，其博大的精神内涵应该以更为开放的姿态远播世界各地，让灿烂的中华文化绽放光芒。随着国家“一带一路”倡议的实施，中国制造、中国速度、工匠精神等在“一带一路”沿线国家被高度认同，黄河文化更应该搭乘中国经济的快车向外传播，走多种方式融合的路子，绽放文化魅力，被世界接纳、认可、学习。

黄河文化资源是文旅融合发展的强有力内核，无论是历史上不同时期中华儿女对黄河的开发利用，还是现代国家对黄河流域的生态治理及黄河文化的保护和弘扬等，都是对博大精深的黄河文化的进一步传承。文旅融合作为促进黄河文化发展的沃土和有效途径，也将激发黄河文化绽放出新的光彩。

参考文献：

[1]曾博伟，安爽.“十四五”时期文化和旅游融合体制机制改革的思考[J]. 旅游学刊，2020，35(06).

[2]蒋昕，傅才武. 公共文化服务促进乡村文旅融合内生发展的动力机制研究——以宁波“一人一艺”乡村计划为例[J]. 江汉论坛，2020(02).

[3]孙剑锋，李世泰，纪晓萌，等. 山东省文化资源与旅游产业协调发展评价与优化[J].经济地理，2019，39(08).

[4]梁峰，郭炳南. 文、旅、商融合发展的内在机制与路径研究[J]. 技术经济与管理研究，

2016(08).

[5]张朝枝,朱敏敏.文化和旅游融合:多层次关系内涵、挑战与践行路径[J].旅游学刊,2020,35(03).

(陈维良,就职于吴忠市红寺堡区文化旅游体育广电局,主要从事群众文化管理工作。)

吴忠黄河文化的保护传承与文旅融合发展研究

◎ 孟宪宁

摘　要:近两年来,吴忠市充分利用黄河流经段资源,以全域旅游示范市创建为统领,加强顶层设计,大力促进文旅融合,打造出了“黄河金岸·水韵吴忠”的品牌形象,但还存在黄河文化底蕴发掘利用、遗产保护传承、文化旅游资源融合不够好等问题。要想做好黄河文化吴忠段高质量发展这篇大文章,必须坚持公共文化服务提升、全域旅游示范市创建两手抓,重点在文化旅游体育项目谋划、文化旅游品牌活动供给、黄河文化精品文艺创作、文博非遗“活起来”工程、“吃在吴忠”特色服务业等五个方面精准发力,深入挖掘和保护黄河文化资源,提升黄河文化内涵,讲好黄河故事。

关键词:黄河文化;保护传承;文旅融合;发展

一、研究背景及意义

吴忠地处宁夏中部,历史文化悠久,是宁夏引黄灌区的菁华之地,黄河流经境内69公里,水流平缓,支斗渠交错,湖泊众多,历史文化遗迹和人文景观众多,为当地的文化旅游业发展奠定了坚实基础。近两年来,吴忠市充分利用黄河资源，紧抓建设沿黄生态经济带、加快全域旅游示范省区创建等机遇，以全域旅游示范市创建为统领，加强顶层设计，优化沿黄旅游发展环境；加快融合发展，完善基础服务设施；加大营销宣传，扩大沿黄旅游影响，为黄河文化吴忠段的保护传承与文旅融合，打造“黄河金岸·水韵吴忠”品牌形象进行了有益探索。

自公元前214年秦朝置富平县，距今已有2000多年的建城史，吴忠是唐代灵州城所在地，境内的秦渠、汉渠、唐徕渠等都是秦汉时期先后开掘的。黄河文化吴忠段特色鲜明，它是一个多元文化融合荟萃之地，孕育衍生了红色、农耕、美食、民俗、移民等多种文化，培育了吴忠人民艰苦奋斗、勇于进取、敢于拼搏的精神。目前，吴忠市已利用黄河文化吴忠段的人文资源，规划打造了青铜峡黄河大峡谷旅游区、大禹文化园、宁夏水利博物馆、中华黄河楼、中华黄河坛、吴忠市黄河奥林匹克体育中心、青铜古镇等一批标志性景观建筑，增强了旅游吸引力和整体知名度，形成了“黄河金岸·水韵吴忠”独有品牌形象。

位于青铜峡黄河大峡谷旅游区的大禹文化园 （李鹏 / 摄）

二、黄河文化吴忠段的保护传承与文旅融合的主要做法

（一）强化顶层设计引领，优化旅游发展氛围

积极争取将吴忠沿黄城市特色旅游资源纳入宁夏全域旅游发展规划中，编

制吴忠全域旅游发展规划,着力打造“贺兰山下、黄河岸边、稻花香里、长城内外、塞上江南”等板块。优化发展氛围,认真贯彻落实沿黄“四乱”清理整顿,拆除了一百零八塔、大禹文化园、中华黄河坛、青铜峡黄河生态园和凤凰岛旅游景区的违规设施,优化了吴忠沿黄生态旅游发展环境。出台了打造特色街区的政策措施,先期重点打造了美食街、茶茗街、葡萄酒风土街等6条特色商业街区。

(二)积极夯实项目基础,着力培育核心龙头产品

以全域旅游示范市创建为契机,争取资金用于全域旅游示范市县创建、黄河大峡谷等旅游服务质量提升工作。吴忠市利通区万达广场、光耀美食街、城南生态文化园、苦水河沿线乡村休闲旅游提升改造、山水沟特色产业示范村等项目的建设开发,大力提升了吴忠市休闲旅游及周边乡村旅游的接待水平。青铜峡市围绕“黄河岸边、稻花香里、贺兰山下”三条主线,完善了旅游景观标识,开展实施了辖区内一百零八塔、拦河大坝、鸟岛、牛首山等服务设施建设项目,滨河大道改造提升和第三特色产业示范村等黄河金岸文化旅游带建设项目。加快黄河带资源整合,着力打造黄河金岸生态旅游和特色美食等旅游线路产品体系,主动融入宁夏常规旅游精品线路体系,促进团队旅游、研学旅游等接待成倍增长。

(三)积极推进融合发展,“旅游+”“+旅游”模式初具形态

加快城市慢行道、骑行公园等规划建设,引导旅游与体育竞技融合。目前已成功举办了黄河金岸吴忠(国际)马拉松赛、全国沙滩排球巡回赛(宁夏吴忠站)、宁夏(吴忠)牛首山登山徒步大会、宁夏(吴忠)全国山地自行车公开赛项目。引导旅游与休闲工农业融合,打造金积工业园区观光线路产品,如将红山河、伊利乳业分别创建为国家3A级和2A级景区。培育扶持并评定了一批星级农家乐,引导旅游与教育研学融合,发挥教育激励作用,鼓励青铜峡黄河大峡谷旅游景区、中华黄河楼等景区开发文化体验研学旅游产品。大力完善特色餐饮,引导旅游与特色美食融合，开展了特色美食展示品尝活动，推荐杜家羊杂入选中国金牌旅游小吃，国强手抓入选宁夏金牌旅游小吃。刘三朵八宝茶引领潮流，吴忠早茶文化在区内独树一帜，"游在宁夏，吃在吴忠"有口皆碑。

（四）深入挖掘区域文化底蕴，加大特色文化保护传承

围绕挖掘黄河文化，创作编排了竞技舞蹈《踏桩》、舞蹈《耍羊皮》和电影《罗山脚下》，打击乐《塞上鼓韵》，歌曲《我的吴忠我的梦》《等你黄河边》，现代眉户剧《青铜峡》等黄河文化题材优秀剧（节）目 20 多个。其中，舞蹈《夯墙乐》《盖碗飘香》《塞上花儿心中的歌》《美咋咧》等多部作品获得省部级以上奖项。着力打造黄河文化精品，鸽子山遗址成为宁夏境内为数不多的，能够确认的中石器时代遗址之一，2006 年被国务院公布为第六批全国重点文物保护单位。2017 年宁夏引黄古灌区入选世界灌溉工程遗产。出台宁夏第一部地方性实体法规《吴忠市红色文化遗址保护条例》。加大非遗保护传承，公布 6 批市级非物质文化遗产项目和 5 批传承人，其中同心莲花山青苗水会、张氏正骨、陈氏回族医技十法成为国家级非遗项目，游九曲、一百零八塔的传说等 51 项被公布为区级非遗项目。目前，吴忠市共有国家级非遗传承人 5 人，自治区级非遗传承人 34 人，市级传承人 144 人。

（五）积极加大营销宣传，着力提升吴忠整体影响力

始终坚持"全方位、立体式、多元化、精准型"营销策略，加大和友好城市文化旅游部门的交流合作，有计划、有重点、不间断地开展体验式精准营销，打造一批特色线路。充分利用中央电视台、《中国旅游报》等主流媒体和公交车体、候车厅、车载电视、电梯轿厢、城市候机楼等媒介广泛宣传。鼓励旅游与文化、体育、农业等融合办节，市、县两级相继举办了黄河金岸文化旅游节、山地旅游自行车挑战赛、美食文化节、沙滩排球赛、国际马拉松、乡村休闲节、航空嘉年华、冰雪旅游节、花灯民俗节等系列节会赛事活动。通过各种渠道，秀出吴忠好景色,传出吴忠好味道,唱出吴忠好声音,推出吴忠好礼物,讲出吴忠好故事,叫响“黄河金岸,水韵吴忠”“游在宁夏,吃在吴忠”“放心游宁夏,康养到吴忠”等品牌。

三、吴忠黄河文化保护传承与文旅融合的主要成效

(一)沿黄城市带文旅基础设施显著提升

实施了青铜峡黄河大峡谷旅游区、中华黄河楼、吴忠市黄河奥林匹克体育中心、“三馆一中心”等一批文化旅游精品项目及柳溪湖整治、城市过境段黄河砌护等工程,积极打造了以黄河大峡谷为龙头的沿河带精品旅游景区,推动了沿河两岸为龙头的旅游资源开发,基础设施不断完善,生态文明建设成效显著。

(二)沿黄城市带文旅产业链条不断拉长

全市新增世界排灌工程文化遗产 1 处,国家 A 级旅游景区 14 处,国家森林公园 1 处,国家湿地公园 3 处,国家自然保护区 2 处,国家水利风景区 1 处,全国百家红色旅游经典景区 2 处,全国重点文物保护单位 8 处;星级饭店 13 家;旅行社(含分支机构)64 家;星级农家乐 54 家,其中,沿黄带企业占比达 2/3 以上。

(三)沿黄城市带文旅接待水平显著提升

城市面貌显著改善,城市品位不断提升。吴忠市相继被评为“中国优秀生态旅游城市”“国家园林城市”“国家卫生城市”“中国人居环境范例奖”等,吴忠市的知名度和美誉度不断提高,来吴忠的游客逐年增加。2019 年,全市接待游客 756.34 万人次,实现旅游收入 42.98 亿元,沿黄城市带景区景点旅游团队接待同比增长 2~4 倍,收入增长 10 倍左右,成为引领吴忠旅游业发展名副其实的龙头和带动旅游经济发展的引擎。吴忠成为宁夏黄河金岸景观最集中、民俗风情景观最独特、生态旅居环境最优越的地区。

四、吴忠黄河文化保护传承与文旅融合中存在的问题

(一)黄河文化底蕴发掘利用不够

黄河文化和旅游建设与黄河治理开发均比较滞后,每年汛期都会对旅游业造成重大影响。黄河水利工程项目虽多,但没有把黄河文化建设融入水利工程建设各个环节,从而没有形成具有特色的黄河水利工程。

(二)黄河文化遗产保护传承不够

黄河文化遗产在全市各地均有分布,分布范围广、保护范围大,部分文化遗址受自然破坏比较严重,特别是革命旧址主要分布在山区,亟须进一步加固维护。黄河沿线非遗传承人大多年龄偏高,而传统技艺要求高、强度大、耗时多、收入少,面临传承困难。

(三)黄河文化旅游资源融合不够

黄河虽赋予吴忠许多高品质旅游资源,但还面临着资源开发不充分、利用率不高、吸引力不明显、产品档次低、业态单一等问题,导致市场影响力和竞争力不强,门票经济占据主导地位。同时,文化和旅游在产业融合和公共服务体系融合等方面不够,游客参与体验度不够,个性化服务缺失,吃住行游购娱等旅游要素不完善,全域旅游产业链尚未形成。

五、吴忠黄河文化的发展思路及建议

坚持以黄河文化保护传承为主线,着力打造“黄河岸边、稻花香里、贺兰山下、长城内外、塞上江南”文化旅游品牌,坚持公共文化服务提升、全域旅游示范市创建两手抓,重点在文化旅游体育项目谋划、文化旅游品牌活动供给、黄河文化精品文艺创作、文博非遗“活起来”工程、“吃在吴忠”特色服务业等五个方面精准发力,深入保护传承黄河文化,推动黄河文化吴忠段的高质量发展。

(一)谋划好黄河文化发展项目

坚持以全域旅游示范市创建为统揽,推动文化、旅游、体育等融合发展。进

一步明确区域优势和特色定位,以黄河文化为主题,谋划黄河、长城、长征三大国家文化公园,黄河金岸骑行公园,吴吃堡现代服务业街区等一批新建项目。加快东部环线旅游驿站、乡村民俗旅游精品带、盐州古城历史文化区基础设施和同心黄谷川冰雪场基础设施建设,加快完成吴忠旅游标识牌建设项目,建成运营吴忠高铁站和吴忠旅游集散中心。

(二)策划好“黄河文化”品牌活动

以黄河金岸文化旅游节“民俗季、健身季、丰收季、美食季”系列活动为主题,策划一批突出黄河文化吴忠段特色的活动,如“我们的节日”、青铜峡“黄河岸边吼秦腔”票友赛、黄河大峡谷徒步登山大会、贺兰山东麓山地旅游自行车挑战赛、黄河金岸冰雪旅游节、“等你·黄河边”黄河金岸文化旅游节暨稻花香里农民丰收节、利通区系列文化旅游美食节、红寺堡航空文化旅游节、盐池县“两华一节”(盐州大集民俗嘉年华、航空嘉年华和滩羊美食文化旅游艺术节)和同心中国诗词之乡暨诗歌艺术节等黄河文化节会活动,充分做足“文化旅游体育+美食”文章,让黄河文化活起来。

(三)创作好黄河文化文艺精品剧目

以黄河文化保护传承为路径,创排话剧《小康,你好!》、舞蹈《黄河儿女》、舞蹈音乐《农家乐》、歌曲《吴忠记忆》等一批具有感染力和影响力的黄河文化文艺作品。编排《天下黄河富宁夏、最美最富是吴忠》文化实景剧目,唱响“共产党好、黄河水甜”赞歌。挖掘地方文化底蕴,讲好黄河文化、农耕文化、美食文化、移民文化故事,依托旅游景区,探索开展实景演出。

(四)实施好文博非遗“活起来”工程

加强黄河文化的地名文化遗产保护,加强一百零八塔、长城、董府、马月坡寨子等重点文物保护开发利用。加快青铜峡黄河大峡谷5A级景区创建,巩固提升盐池长城关古城历史文化景区服务水平。培育以博物馆和文物保护单位为载体的体验旅游、研学旅行等精品旅游线路。积极推荐申报非遗项目和传承人,健全完善非遗四级名录库。支持传统武术、特色美食、刺绣、剪纸等非遗项目和二毛皮展演展示进景区,拓宽非遗产品宣传渠道。依托非遗传承人和乡土文化能人,开发"农民画""布贴画""花儿""剪纸""刺绣""游九曲"等非遗文创产品。

(五)加大宣传推介力度

大力推介黄河吴忠段沿线乡村文化民俗、精品旅游线路,做好报、台、网、微、端融合推送传播,使黄河文化深入人心。融通多媒体资源,统筹文化、文物等各方力量,创新表达方式,大力彰显黄河文化魅力。充分发挥图书馆、文化馆、博物馆、美术馆等公共文化机构在传承发展中华优秀传统文化中的作用。挖掘和保护黄河文化资源,提升黄河文化内涵,讲好黄河故事,让子孙后代铭记黄河文化承载的历史和文化,坚定新时代黄河文化自信,传承弘扬中华精神,推动黄河文化事业发展。

参考文献:

[1]何龙.三峡库区兴山县绿地系统生态规划研究[D].武汉:华中农业大学,2013.

[2]张腾之."传统文化+新媒体"的国际传播战略转型[J].西部广播电视,2018(6).

(孟宪宁,吴忠市文化馆馆员,主要从事群众文化工作。)

黄河文化宁夏段的
文化遗产研究

黄河流域宁夏段传统农耕文化遗产的保护路径

◎ 张治东

摘　要：地处黄河中上游的宁夏，依黄河而生，因黄河而兴。在千百年的农业劳动实践中，宁夏各族群众依黄河之利，创造了包括工程类、特产类、物种类、聚落类和民俗类等在内的各项传统农耕文化遗产。这些传统农耕文化遗产在有效节约水土资源、维护生物多样性、保障粮食安全、改良土壤环境、修复生态环境和塑造乡风文明及推进农村社会治理等方面发挥了重要作用，体现了独特的动态保护思想和农业可持续发展理念。为深入学习习近平总书记视察宁夏重要讲话精神及在黄河流域生态保护和高质量发展座谈会上的讲话精神，本文通过对黄河流域宁夏段传统农耕文化遗产项目的梳理和归类，重点从传统农耕文化遗产在宁夏经济社会秩序建设中的价值作用、掣肘宁夏传统农耕文化遗产发展的瓶颈因素、将传统农耕文化遗产嵌入宁夏现代生态农业体系的经验启示等方面进行分析和探讨，以期为宁夏保护黄河流域生态平衡和构建现代生态农业体系做出尝试性探索。

关键词：黄河流域；传统农耕文化；现代农村治理

2020 年 6 月 8 日，正在宁夏考察的习近平总书记来到黄河吴忠市城区段，他在了解当地加强黄河流域生态保护情况时指出，黄河是中华民族的母亲河，是中华民族和中华文明赖以生存发展的宝贵资源。自古以来,黄河水滋养着宁夏这片美丽富饶的土地,今天仍在造福宁夏各族人民。宁夏要有大局观念和责任担当,更加珍惜黄河,精心呵护黄河,坚持综合治理、系统治理、源头治理,明确黄河保护红线底线,统筹推进堤防建设、河道整治、滩区治理、生态修复等重大工程,守好改善生态环境生命线。黄河孕育了中华文化,黄河流域是中华农耕文明的发祥地之一。地处黄河中上游的宁夏因黄河而生,依黄河而兴,在黄河流域生态保护和高质量发展中肩负着重要责任。

在千百年的农业劳动实践中,宁夏各族群众依靠黄河之利,创造了包括工程类、特产类、物种类、聚落类和民俗类等在内的各项传统农耕文化遗产,这些传统农耕文化遗产在有效节约水土资源、维护生物多样性、保障粮食安全、改良土壤环境、修复生态环境和塑造乡风文明及推进农村社会治理等方面发挥了重要作用,体现了独特的动态保护思想和农业可持续发展理念。我们通过对黄河流域宁夏段传统农耕文化遗产项目的梳理和归类,重点从传统农耕文化遗产在宁夏经济社会秩序建设中的价值作用、掣肘宁夏传统农耕文化遗产发展的瓶颈因素、将传统农耕文化遗产嵌入宁夏现代生态农业体系的经验启示等方面进行分析和探讨,以期为宁夏保护黄河流域生态平衡和构建现代生态农业体系做出尝试性探索。

青铜峡唐正闸 (李鹏摄)

一、宁夏传统农耕文化在现代社会秩序建设中的价值探析

(一)积累了丰富的农业生产实践经验和农业发展理念

传统农业最显著的特点是发掘土地增产潜力,提高土壤有效生产率。在千百年的农业实践中,宁夏各族群众积累了在不同自然气候条件和不同土壤环境下如何进行有效耕作的农业生产经验。各地农民群众在不同水资源条件下,对不同土壤种植什么作物有着十分清楚的认识,即使相同属性的土壤,因其类型特点和灌溉条件不同,对作物的种植要求也不尽相同。譬如,灌淤土是宁夏主要的农用土壤,在引黄灌区的各个市、县灌淤土(亚类)、潮灌淤土、表锈灌淤土和盐化灌淤土等不同类型特点土壤交错分布。人们根据长期的实践观察得出:灌淤土(亚类)宜种枸杞及苹果,但不宜种稻;潮灌淤土因地下水位较高,栽培枸杞和苹果略次于灌淤土(亚类),若种水稻则应有相应的排水措施;表锈灌淤土以稻旱轮作为主,旱作时可种植多种粮食作物和经济作物;盐化灌淤土宜种植向日葵、甜菜等耐盐作物以利于冲洗土壤中的盐分。针对不同的土壤、水利等自然资源条件,各地耕作方法也各有差异。在北部灌区的平罗、惠农等县区,有一部分“夜潮地”,因地下水位较高,农民一般采用“打干田法”,即不灌冬水,冬春勤耖勤耙,石磙镇压,方法是“土壤冻化 10 厘米时,交叉耖地,深度不超过 10 厘米,随后交叉耱地,有土坷垃时,用石磙碾压,使地表形成疏松细土层”。在卫宁平原灌区流行的“两年旱作,一年稻作,三年为一轮作周期”的“稻旱三段轮作制”对改土培肥具有良好效果。宁夏南部山区干旱缺水,种植业以旱作农业为主。“抗旱耕作、蓄水保墒”是旱农作业的基础。长期以来,当地农民创造了“耕翻纳雨蓄水”“耙耱镇压保墒”等抗旱耕作经验。

(二)崇尚以乡规民约为约束的乡村礼仪

乡村礼仪是村民在生产生活实践中形成的约定俗成、律己敬人的行为习惯，对于约束村民的礼仪规范和处理村民邻里关系纠纷具有一定的强制作用。

黄河流域宁夏段有着诸如祭河神、民间祭山、青苗水会、游九曲等具有浓郁地域特色的民俗活动,反映了当地乡土社会的观念与信仰,表达了人们“趋避灾祸、乞求平安”的情感诉求。在祭祀活动中,人们怀着敬畏的心情有序参与到每一项既定程序,折射出了乡土社会人们法天敬人的思想。这种民间观念与信仰,在一定程度上又发挥了超自然想象之外的诸多价值,对于人们的世界观塑造、乡村社会秩序建设的再构具有重要作用。2014 年 5 月 4 日,习近平总书记在北京大学师生座谈会上指出,中华文明绵延数千年,有其独特的价值体系。中华优秀传统文化已经成为中华民族的基因,植根在中国人内心,潜移默化影响着中国人的思维方式和行为方式。今天,我们提倡和弘扬社会主义核心价值观,必须从中汲取丰富营养,否则就不会有生命力和影响力。传承千年的乡村礼仪与村民的价值观念有着极大的契合度,以德服人和以和为贵的处世之风,对于维持乡村有序发展具有重要作用。随着乡村振兴实施,乡村礼仪制度被重新提起,如何融入传统乡规民约和乡村礼仪,推动社会主义核心价值观落细落小落实,使村民在思想上更好地与现代社会生活相融合,将是当前政府和社会共同关注和研究的焦点问题。

(三)珍惜土地、用养结合、集约经营,注重以精耕细作为核心的传统耕作体系建设

珍惜土地、用养结合、集约经营,是人们对中国传统农业精华的高度概括,主要是指由种植制度、耕作技术和田间管理技术等构成的综合技术体系。在种植制度方面,经过长期的实践探索,水资源较为匮乏的宁夏中南部山区自汉代开始,经魏晋南北朝,逐渐形成了以“耕、耙、耱、压、锄”为主的整套旱地农业生产耕作制度,包括撂荒耕作、轮荒耕作等;水资源相对丰富的银川平原则形成了稻旱轮作、间作套种和多熟种植为主的种植制度,有些地区还实行在土地连种制基础上的轮作复种、轮作倒茬等灵活多样的耕作方法。同时,人们还创造了许多合理有效的生产耕作技术,包括作物品种穗选、作物虫害防治、植物嫁接、畜禽杂交等技术。此外，宁夏引黄灌区还形成了以稻田养殖为代表的土地综合种养技术，即将传统的种植业和水产养殖业有机结合起来，利用水稻种植和水产养殖互为生态链的原理，使种植系统利用水产养殖中的营养，水产养殖利用稻田种植系统的水源，在保证水稻产量的前提下，实现"一地两用，一地双收"的农业生态模式。在田间管理技术方面，人们一贯坚持"用养结合"的方式利用耕地资源，遵循"因地制宜"的原则，发展出了平翻耕法、保墒耕法、深松少耕法、砂田耕法、轮作耕法、水平沟耕和垄沟耕等田间管理制度。

（四）重视生态种养，利用生物技术防治农业病虫害

在传统农业种植中，人们总结了很多抗御各种生物灾害和自然灾害的办法和措施。在防治生物灾害方面，发明了生物防治和物理防治等技术，"以虫治虫"和"以鸟治虫"是生物防治技术的典型代表。譬如，在中宁枸杞种植系统中，当地农民利用人工饲养瓢虫和寄生蜂的方法来防治蚜虫对枸杞的侵害。在宁夏引黄灌区实施的稻田综合种养技术，就充分利用了生物防治技术。在这一复合生态系统中，水稻为水产养殖物提供庇荫和有机食物，鱼、蟹、虾、泥鳅和鸭（雁）等水产养殖则发挥为水稻耕田除草、松土增肥、提供氧气、吞食害虫等功能，较大可能减少系统对农药、化肥等外部化学物质的依赖，形成一个绿色健康的营养循环体系。在物理防治技术方面，人们发明了人工扑打、饵诱、除虫器械等技术措施。譬如，在花果苗木栽培过程中，人们用煮过烟叶的水来喷淋苗木，用来防止蚜虫的产生和繁殖；在果树地里栽种蓖麻，引诱害虫集中到蓖麻上，然后将蓖麻拔除集中烧毁，以防止害虫。长期以来，宁夏各族群众经过不断的生产实践，选择和培育出了许多与当地生态资源具有较好协调性的品种资源，像中宁枸杞、灵武长枣、贺兰螺丝菜、盐池黄花菜、香山硒砂瓜、海原小茴香、西吉马铃薯、同心银柴胡等，经过当地群众的精心培育和选择，形成具有独特的生态适应性和较高营养价值的农作物资源。2020 年 6 月，习近平总书记来宁夏视察时明

确指出,要加快建立现代农业产业体系、生产体系、经营体系,让宁夏更多特色农产品走向市场。如何加大传统特色产业培育,将这些品种资源与现代农业科技有机结合,提高农产品附加值,铺就农业产业高质量发展之路,应是当前业界需要深入思考的问题。

(五)注重节气对农耕活动的指导作用,遵循不违农时的种养观

与农业生产联系最直接的是时间与节气。中国古人根据月亮的阴晴圆缺、万物的荣枯盛衰,通过长期观测天文、气候、物候等自然现象对农作物生长变化的影响,总结出了有关农事季节与气候变化的二十四节气,对保证农业生产不误农时发挥了重要作用。二十四节气覆盖了农业生产的各个阶段、各个环节,在长期的农业生产实践中,群众用歌谣和民谚的形式总结了二十四节气对农业生产的警示和指导作用。如有以气象预兆雨雪的,“头年小暑热,二年雨水多”“入春寒,有灾年;入春暖,是丰年”“春雷响得早,收成一定好”“五月旱,不算旱;六月旱,连根烂”等。众所周知,农业生产具有明显的季节性和周期性,“耽误一时,损失一年”,每一个节气对农民来说都有其固定的任务,《吕氏春秋·审时》曰:“凡农之道,候之为宝……其早者先时,晚者不及时,寒暑不节,嫁乃多菑实。”[①]“以时为令,不违农时”是世代农民必须严格遵循的时间表。然而,随着农业科学技术的不断发展,在农业生产中出现了温棚种植、反季节种植等技术,传统的二十四节气对农业生产的指导功能逐渐弱化,但是作为一种历经千年的应时法则,它依然影响着我们生活的方方面面,比如在预测天气变化等方面仍发挥着重要作用。

二、掣肘宁夏传统农耕文化遗产传承和发展的因素分析

(一)历史欠账及对土地过度开发造成的土壤环境退化

宁夏地处我国干旱、半干旱农业区域与畜牧业区域交错的地带,人们很早

①陆玖. 吕氏春秋[M]. 北京:中华书局,2018:981-987.

就在灌溉较为便利的宁夏平原进行了农业垦殖，而遍布丘陵、涧地的地区则更适合发展畜牧业，在未垦荒前这里曾经森林覆盖、草木茂盛、牛羊成群。然而，历史上的屯田制度打破了这一平衡，尤其在明清时更甚，“宁夏镇东部不适宜发展农业的花马池等地也不断遭到开垦……宁夏镇屯田规模之大，已从适宜耕种的平原发展到草地，甚至山地”[①]。由于明清以来，人们在垦殖过程中，施行了粗放的耕作方式，加之屯田时普遍种地不养地，导致土壤肥力下降，土地盐碱化、沙化严重，“这种严重沟蚀现象的出现和迅速发展，主要是由于天然植被经过大规模开垦以及过度的樵采和放牧之后，坡面径流强度增大、土壤失去庇护的结果”[②]。习近平总书记于2019年9月18日在河南主持召开黄河流域生态保护和高质量发展座谈会时强调：“推动黄河流域高质量发展，要从实际出发，宜水则水、宜山则山、宜粮则粮、宜农则农，宜工则工、宜商则商，积极探索富有地域特色的高质量发展新路子。”水土流失对土壤造成的破坏不可小觑，黄土丘陵沟壑区主要分布在宁夏中南部山区八县，是宁夏水土流失最为严重的地区，其中侵蚀模数在5000吨／平方公里以上（强度及极强度）的面积为8409平方公里，占宁夏土地流失面积的21.6%，仅宁南山区每年向黄河输送的泥沙约9600万吨。[③]而从宁夏中南部山区本身来说，多数水库因库容淤积，汛期不能蓄水，降低灌溉效率，导致土壤环境退化农作物减产。

（二）水资源严重匮乏，但用水浪费和污染严重

宁夏深居内陆，远离海洋，是全国水资源最为贫乏的省区之一，地表水资源

---

①王群.明代宁夏镇屯田与农业生态环境变迁[J].宁夏大学学报（人文社会科学版），2016（3）：52.

②陈育宁.宁夏地区沙漠化的历史演进考略[J].宁夏社会科学，1993（3）：45.

③李禄胜.中国“三农”问题研究——以宁夏为例［M］.北京：经济科学技术出版社，2015：33.

最少,仅有9.71立方米,只有全国平均值的6%。[①]黄河过境水是宁夏最可依赖的水源,黄河在宁夏境内流程397公里,多年平均过境流量325亿立方米,国家调配可利用水资源40亿立方米(实际利用仅为33亿立方米,且逐年减少),全区人均水资源占有量仅为黄河流域的1/3,全国的1/12。[②]比缺水更为严酷的现实是,工农业用水存在浪费大、有效利用率低等问题。主要表现在:农业水利设施老化严重,引水渠道渗漏频发;农田漫灌、串灌现象普遍,灌入田间水量远远超过需水量,这不仅浪费了水资源,而且提高了地下水位,导致土壤盐碱化。宁夏水利资源在地区上的分布也极不平衡,绝大部分在北部引黄灌区,而中部干旱高原丘陵区最为缺水,不仅地表水量小,且水质含盐量高,多属苦水或因地下水埋藏较深,灌溉利用价值较低。[③]习近平总书记在河南主持召开黄河流域生态保护和高质量发展座谈会时指出,黄河水资源就这么多,搞生态建设要用水,发展经济、吃饭过日子也离不开水,不能把水当作无限供给的资源。要坚持以水定城、以水定地、以水定人、以水定生产,把水资源作为最大的刚性约束,合理规划人口、城市和产业的发展,坚决抑制不合理用水需求,大力发展节水产业和技术,大力推进农业节水,实施全社会节水行动,推动用水方式由粗放向节约集约转变。在水资源严重匮乏并浪费严重的情况下,水污染情况也相当严重,除了工业排污和城市排污外,农村农业面源污染也是影响农村环境、农业生产和粮食增收的重要因素。

(三)对于以农药、化肥为代表的现代农业科学技术过分依赖

随着现代农业技术革命的发展,农民对农药、化肥和农用地膜等化学材料

---

①中共宁夏回族自治区党校,宁夏回族自治区行政学院,宁夏回族自治区统计局. 2018—2019宁夏区情手册[M]. 银川:阳光出版社,2019:62.

②《中国农业可持续发展研究》项目组. 中国农业可持续发展研究(下册)[M]. 北京:中国农业科学技术出版社,2017:1019.

③同上。

的依赖超乎想象。即使除草这种工作，也基本都由除草剂来代替了。据统计，2010年以来，全区农业施肥量一直高居百万吨以上，且呈上升趋势。其中，2017年全区农业施肥量为107.5万吨；农用塑料薄膜年使用量约为17601吨，其中地膜使用量11440.8吨，地膜年残留总量约为2437吨，残留量占使用量的21.3%。[①]农药、化肥中含有砷、镉、铅、氟、汞等成分，大量使用会污染土壤，致使其肥力下降。化肥中的氮和磷等元素会导致水体富营养化，而且氮在土壤中由于微生物的作用而形成硝态氮，随水进入地下水，可引起地下水污染。农用地膜使用后残留于土壤，会形成土壤的白色污染。但是，在农业生产中，农药、化肥、地膜是保证粮食增产的必需品。党的十九大报告指出，我们要建设的现代化是人与自然和谐共生的现代化，既要创造丰富的物质产品和精神产品，还要提供丰富的生态产品，为人们生活构筑高质量的优美生态环境。如何发展传统生态农业，减少农药、化肥等化工原料在农业中的不合理投入以及消除农用地膜对土壤的污染，将是需要人们深入思考和关注的问题。

（四）传承主体存在“结构性缺失”，传统农耕文化遗产传承后继乏人

城市基础设施和公共服务优越于农村，越来越多的年轻人选择进城安家创业，使得农村“三缺、三化、三无”现象日益凸显，即村庄缺人气、缺活力、缺生机，村庄空心化、农户空巢化、农民老龄化，村庄建设无规划、无秩序、无特色，部分村庄环境脏乱差。由于以上原因，传统农耕文化遗产传承地的居民对保护和传承传统农耕技艺的作用非常有限，很多当地居民也许是“审美疲劳”，居然对当地独具特色的传统制作技艺缺乏起码的了解和认知。在走访调研中，我们设计了“您对二毛皮的制作流程了解吗？”这样的问题，有60%的调查对象表示“不

①《中国农业可持续发展研究》项目组. 中国农业可持续发展研究（下册）[M]. 北京：中国农业科学技术出版社，2017：1022.

了解”;当问及“您对宁夏被选入世界或全国重要农业文化遗产名录的项目了解吗?”,有 3/4 的调查对象表示“不知道”或“知道一点”。传统农耕文化遗产是一种活态绿色资源,保护传承是其发展的关键,而当前遗产地传承人老龄化问题比较普遍,年轻一代多热衷于外出打工,对于传统农耕文化遗产的认同感较低,这大大影响了对其实施保护和传承的内生动力,难以实现在保护和传承中进行创造性转化。许多民间传统知识、传统手工技艺、节庆民俗、礼仪观念、民间曲艺乐器及山歌等多属独门绝技,口传心授,往往因人而存,人绝艺亡。我们在一些具有代表性的传统农耕文化遗产地设计了“您认为当前传统农耕文化的传承面临的危机有哪些?”等问题,75%的调查对象选择了“没人传承,尤其是年轻人不愿传承”“学习传统农耕技术难度大、耗时长、收入低”“没有形成规模效应,没有形成产业链”等原因。传统农耕文化遗产存亡续绝的关键在于培养一代代合格的传承人,很多农民不事农耕的状态,使农耕文化遗产这一“不可再生资源”的传承主体出现“结构性缺失”。

(五)在现代都市文化的冲击下,传统农耕民俗文化遗产受到冷落

在现代都市文化的冲击下,传统农耕民俗文化遗产受到冷落,甚至挤压。一些村民在半工半农的职业游离状态下,思想观念发生了变化,导致传承千百年的传统乡村社会的礼仪秩序被打破,有些地方的传统民俗几乎处在断层和失传境地。一些传统农耕民俗保存相对完好的农村,由于地处偏远山区,农户对当地农耕技术、乡规民约和民风民俗有一定的知晓度,但随着劳动力的转移和农户的兼业化,近三成的受访者对流传千百年的乡风民俗了解程度较低。譬如,窑洞曾是广布于宁夏中南部山区的主要民居形式,具有独特的建筑风格和明显的地域特色。然而,随着移民搬迁和砖瓦房的兴起很多窑洞已被弃置不用,流传千百年的箍窑制作技艺面临失传的危机。习近平总书记在湖北调研时强调,农村绝不能成为荒芜的农村、留守的农村、记忆中的故园。一些传统制作技艺,

长城村窑洞 （展帆 / 摄）

像贺兰砚制作、六盘山抟土瓦塑、中卫古建筑彩绘、原州民间古建筑技艺、赵氏木板雕花技艺、二毛皮制作、擀毡等多是靠经验的积累，需要长期的观摩和学习，很多人却在追求更高经济利益的驱动下，严重依赖高效的化工技术，对传统技艺制作缺乏应有的耐心，从而难以掌握真正要领。

（六）规模小、档次低，难以形成产业链优势

相对而言，传承于黄河流域宁夏段的传统农耕文化遗产，主要存在规模小、档次低等问题，难以形成产业链优势，且有些人文景观和古城遗址分布比较分散。譬如，散落在宁夏各地的古堡子遗址，像原州区的大营城、同心下马关古城、盐池铁柱泉古城、盐池高平堡等遗址，大多遗落在荒草丛生的野滩，虽然当地政府在道路两旁做了一些醒目的提示标牌，但探寻起来仍有难度。一方面，是因为我们对外的宣传力度不够；另一方面，这些古城遗址周围的基础设施，包括旅游设施都极为薄弱，甚至对古城遗址没有进行必要的简单复原式修复。另外，绵延在宁夏各地的传统农耕文化遗产,包括沿途各种景观景点,最大的问题还是过于分散,景点附近也缺乏留得住客人的度假设施。面对这些情况,如何在保护的基础上进行开发利用,是一个较为复杂的问题。宁夏地方虽小,却涵盖了西北地区地形地貌和景观景致的所有特征。宁夏不仅在气候、生态上存在明显特征,而且具有南方所没有的沙漠、黄河、沙棘、野果、飞雪、海子、戈壁滩、峡谷、窑洞、荒山、梯田、羊群、土坯房、古梨树、胡麻花等。宁夏中南部山区有壮观的坡改梯田,适宜搞航空旅游;中卫有一望无际的沙漠和戈壁滩,可以搞自驾游;遍布于各地的峻峭荒山、峡谷,可搭建帐篷、修建营地,让人们体验野外探险生活。如何将文化与旅游深度融合起来搞发展,是我们当前应该深入思考的问题。

三、将传统农耕文化遗产嵌入现代农村社会治理的启示

(一)在政策导向和具体管理上,依据法律法规对传统农耕文化遗产建立有效的保护机制

对于传统农耕文化遗产的保护和开发利用,关键在于政策的实施和法律法规的有效执行。自治区及各市县可考虑在已有法律法规的基础上,出台和完善更加符合本地区实际的条例和细则。在自治区政府及相关部门的努力下,许多重要的传统农耕文化遗产被列入人类非物质文化遗产代表作名录及国家、自治区和地级市的国家级非物质文化遗产名录,有的还入选世界灌溉工程遗产名录和国家重要农业文化遗产名录,但还有很多传统农耕文化遗产散落在落后、偏远、自然条件较差的农村地区。由于不同农耕文化遗产存在的环境不同,对其保护和管理方式也应不尽相同。在长期的农业生产实践中,广大农村居民在资源贫乏的环境下坚持自力更生,不断尝试、适应和创新,积累了丰富的技能、知识和经验,为传统农耕文化遗产的适应性管理提供了基础,这就要求我们在保护和管理方面,要根据传统农耕文化所涵盖的不同内容而采取与之相应的管理方式。当然,自治区政府还应从顶层设计上着力加强农业供给侧结构性改革,

实施“互联网+农业”战略，提高农业供给体系质量和效率，使农产品供给数量、品种和质量契合消费者需要。同时，积极引导农民调整种植养殖结构，多生产绿色健康食品，生产富有当地特色的农耕文化产品，真正形成结构合理、保障有力的农产品有效供给。

（二）构建现代乡风文明，将传统农耕文化遗产嵌入现代农村治理

传统农耕文化遗产来源于祖祖辈辈的生产生活实践，是儒家思想和农耕社会有机耦合的产物。随着城镇化和工业化的发展，以乡规民约为代表的乡风文明在现代城市文化强劲态势下显得极度式微。在半熟悉、半陌生的乡土社会里，传统伦理道德和行为处世方式被逐渐淡化。传统农耕文化是原始艺术的重要组成部分，其以特定的审美情趣和价值观念，潜移默化地影响和约束着人们的道德意识和生活行为。它不仅是一个地区在历史积淀中形成的农耕文化，而且是一种约定俗成并世代传承的农耕生产制度和乡村行为准则。[①]有学者提出，乡村振兴不仅是物质的振兴，更是精神的振兴。宁夏各族群众在千百年的农业生产实践中，创造了以传统农耕知识技术体系、农业生产系统和传统礼仪民俗等为主要内容的传统农耕文化遗产，将它们与农村现代化建设和农村环境综合整治结合起来，嵌入现代农村社会治理，不仅能凝聚村民情感、丰富乡村精神生活，而且有利于塑造乡村社会价值共同体，达成乡村社会善治目标。

（三）重视“重农惜农”传统，通过政策导向吸引有知识、有文化、懂科学、会种养的青壮年成为新型职业农民

随着城镇化进程的加快，大量农村剩余劳动力向二、三产业转移，出现了很多农民半工半农的现象，这使农村留守农业人群呈现出总量相对不足、整体素质偏低、结构不尽合理等问题。进入城镇或工厂务工的农民，既要打工挣钱，还

①王思明，李明. 中国农业文化遗产名录[M]. 北京：中国农业科学技术出版社，2016：45.

要不误庄稼农时。这种疲于奔命的生活节奏,让很多农民工穿梭在城市和农村之间,不仅身心疲惫,而且背离了农业精耕细作的优良传统。2013 年 7 月,习近平总书记在湖北调研时强调,城镇化要发展,农业现代化和新农村建设也要发展,同步发展才能相得益彰,要推进城乡一体化发展。其实,推进城乡一体化发展,首要是劳动力统筹问题,在让一批农村剩余劳动力尽快融入城镇的同时,还要提高农村吸引力,让一部分高素质专职于农业农村发展的劳动力回归土地。2019 年 9 月 5 日,习近平总书记给全国涉农高校的书记校长和专家代表回信时强调,中国现代化离不开农业农村现代化,农业农村现代化关键在科技、在人才。新时代,农村是充满希望的田野,是干事创业的广阔舞台,我国高等农林教育大有可为。希望你们继续以立德树人为根本,以强农兴农为己任,拿出更多科技成果,培养更多知农爱农新型人才,为推进农业农村现代化、确保国家粮食安全、提高亿万农民生活水平和思想道德素质、促进山水林田湖草系统治理,为打赢脱贫攻坚战、推进乡村全面振兴不断作出新的更大的贡献。如何以扶持各类新型农业经营主体为载体,培育新型职业农民,应是当前和今后宁夏构建现代生态农业体系的一个主要方向。

(四)融入现代科技元素,以宁夏特有的文化资源为抓手,构建集休闲度假、观光旅游于一体的生态博物馆模式

传统农耕文化遗产既有物质文化遗产的层面,也有非物质文化遗产的表现形式,作为一种传统农业文化的生产、生活方式,在现代社会的强烈冲击下,极易受损消失。对传统农耕文化的保护我们不能像保护城市建筑遗产那样实施封闭式保护,否则只能对传统农耕文化遗产造成破坏,让农耕文化遗产地居民持续贫穷。因此,对于传统农耕文化遗产的保护和开发利用,需要采用一种动态的管理模式以使之在传承发展中被保护和开发利用。闵庆文认为:“农业文化遗产与一般文化遗产不同,农业文化遗产是一个开放、动态的系统,在保护过程中,既要对传统生产方式、传统物种等遗产资源进行保护,也要让当地经济有所发展,百姓生活有所提高。”[①]对此,我们可以尝试在保护和传承的基础上,融入现代科技元素,以宁夏特有的传统农耕文化资源为抓手,构建集休闲度假、观光旅游于一体的开放型农业生态博物馆,对涉及传统农耕文化遗产的建筑物、场所、遗迹、景观以及传统农耕文化的生存环境给予整体性保护和开发利用。譬如,宁夏很多地方,包括固原、隆德、泾源、中卫、海原、盐池等市县,在夜景中添加了灯光元素,夜晚的城镇、景点在灯光的衬托下显得格外绚烂多彩。宁夏具有工程类、特产类、物种类、聚落类和民俗类等资源丰富、价值独特的传统农耕文化遗产,要选择在农业生产、生活和民间观念和信仰等方面具有代表性与统一性的群体聚居空间构建相对开放的生态博物馆。在有效保护沿途传统农耕文化的基础上,积极规划和建设沿途的住宿、交通等基础设施,使游客在闲庭信步中欣赏宁夏“大漠金沙、荒滩戈壁、黄河落日、水乡绿稻、林翠花红”等景观景致。

(五)积极吸纳当地居民,尤其是非遗传承人参与其中

传统农耕文化遗产地居民是当地农耕文化的创造者和传承者,要合理吸收他们的意见和建议,使他们在合理利用自然资源的同时,自觉担负起保护、传承和开发利用的责任。有学者认为,生态博物馆必须遵从“底层视角”与“区域经验”的原则,“对生活在历史进程中的普通民众的日常生活、风俗习惯等‘民间琐事’给予关注和关怀……使参观者不仅看到一个民族外在的物质形态,而且深入、系统地了解该民族传统的精神文化、制度文化和社会体系等。”[②]宁夏全区

①闵庆文.全球重要农业文化遗产——一种新的世界遗产类型[J].资源科学,2006(4):207.

②蔡琴.论博物馆非物质文化遗产工作的原则[J].中国博物馆,2008(3):60-64.

绵延着形态各异、特色迥异的传统农耕文化遗产,包括生产生活中积累起来的民间传统知识,以及传统手工技艺、民俗节庆、礼仪、民间曲艺乐器及山歌等,无不反映着人们对生活的细心观察和认真体味。对于参观游览者来说,到当地居民的日常生产生活中进行亲身体验,本身就是一种对传统文化遗产的活态展示,更能增强对传统农耕文化遗产的亲和力。当然,对宁夏传统农耕文化遗产的保护和开发利用,更重要的是要激发和增加文化本身的内生动力,使它在传承中进行创造性转化。在这个过程中要注重传统与现代的对接,使其从现代文化中汲取养料。有学者认为:"在民众的生活世界里,传统与现代只是相对而言的概念,没有绝对意义上对立的传统与现代,传统是过去的现代,现代是传统的延续,又会是将来的传统,仍然在传衍的传统则分明有着现代的色彩,绝非散乱的碎片。"[①]当然,我们也要注重挖掘传统农耕文化自身所蕴含的自我革新元素,使其以一种活态开放的形式"从苍茫的历史中来,再走向民众的日常生活",真正实现在传承中永续发展。

(本文原载于《宁夏党校学报》,2020年3月第22卷第2期,收入本书时内容有所改动。)

(张治东,宁夏社会科学院文化研究所副研究员,主要研究方向为传统农耕文化和农业农村经济。)

①岳永逸.传统民间文化与新农村建设:以华北地区庙会为例[J].社会,2008(6):190.

黄河文化与非物质文化遗产研究

◎ 马致远

摘　要:在中华文化流传的几千年历程当中,黄河文化起到了源头的作用,是整个中华民族文化的根基所在,而关于黄河文化的保护和传承工作更是成为如今传统文化保护任务的重中之重。作为中华文明基干的黄河文化,在推动中华文明发展中发挥着重要的作用。本文以黄河文化与非物质文化遗产为研究对象,着重解决黄河流域非物质文化遗产在保护和传承过程中出现的问题。

关键词:黄河文化;非物质文化遗产;文化保护

在中华文明的发展历程中,黄河流域始终处于核心位置,黄河孕育了整个中华大地,现如今黄河流域拥有 752443 平方公里的流域面积,无数人依靠黄河生存,民间文学、传统戏剧、曲艺、游艺与竞技、传统医药等十类非物质文化遗产得以诞生和传承。全球一体化的发展,不仅仅局限在经济方面,更是文化的交融,这对黄河流域的非物质文化遗产来说,也是一个巨大的挑战,因此保护黄河流域非物质文化遗产迫在眉睫。[1]

①刘鹏飞. 浅谈新形势下非物质文化遗产保护[J]. 大众文艺, 2019(14):1-2.

六盘山木板年画 (展帆/摄)

古建筑营造技艺 (展帆/摄)

一、黄河流域经济文化概况

黄河流域涵盖了九个省区,囊括了高原(高寒、黄土)、山地、丘陵、平原等各色地形地貌及各种气候区(干旱区、富水区)。黄河流域的自然环境以及地域特点成就了当地的非物质文化遗产,也使得当地的经济发展受到了限制。

黄河上游为青藏高原,中游为黄土高原,下游流经山东的丘陵、平原地带。由于历史原因,黄河流域土地盲目开发,造成生态环境破坏,水土流失较为严重,自然环境较为脆弱。与此同时,黄河流域又是人口密集区,在加快经济发展的同时,要保护好黄河文化与非物质文化遗产,实现人与自然完美融合。

二、黄河流域非物质文化遗产传承与保护中存在的问题

2004 年 8 月,第十届全国人民代表大会常务委员会审议通过了《保护非物质文化遗产公约》,标志着我国非物质文化遗产工作进入新阶段。经过多年努力,截至 2019 年黄河流经的九省区已经拥有 5000 多项非物质文化遗产,面对数量如此庞大的黄河流域非物质文化遗产,加之受到全球化背景下的多元文化冲击,如何对黄河流域非物质文化遗产进行合理保护和传承,成为当下亟待解决的问题。

(一)科技与经济繁荣对黄河流域非物质文化遗产的影响

1. 部分黄河流域非物质文化遗产无法顺应当下的社会需求

非物质文化遗产经过了几千年的时光磨砺,蕴含着丰富的人类智慧和时代特点。如今,随着经济的发展和时代的进步,黄河流域的非物质文化遗产面临着巨大的挑战,在时代的筛选之下,已经有被淘汰的危险。以黄河流域的工匠号子为例,曾几何时这种职业在黄河流域十分兴盛,然而随着现代工业技术的发展,传统的体力工作已经无法满足时代的需求,人类在追寻着更加便利的生活,这些工匠号子便逐渐淡出人们的视野。面临同样命运的还有山西阳城的生铁冶铸技艺。在时代的洪流中,似乎大部分黄河流域的非物质文化遗产都在逐渐被遗忘,不久的将来可能会有更多的手艺失传。因此,如何保护黄河流域的非物质文化遗产并且将其传承下去是现如今的一个重要话题。

2. 经济发展对黄河流域非物质文化遗产的保护和传承影响较大

受地理条件的限制,黄河流域大部分地区仍旧不算富裕,贫富差距大。在这种情况下,要想保护好黄河流域的非物质文化遗产非常困难。经济不发达是大部分黄河流域非物质文化遗产发源地的一大特点,也正是由于这一特点,才使得当地避免了先进文化的冲击,完整的生态文化环境得以保存。然而现如今,青壮年人口流失是当地面临的一大问题,长此以往,当地的非物质文化遗产必然面临着后继无人的状况。

如今,大部分年轻人都背负着巨大的生存压力,对于他们来说解决生存问题已经是一大难题,无法分身来开展保护和传承非遗工作。另外,老一辈的非遗传承人无法很好地将自身的技艺转化为经济效益,所以对于技艺的传承比较迷茫。黄河流域非物质文化遗产的传承在生存问题面前被自然放弃。①

①崔瑾. 文化生态学视域下碛口地区非物质文化遗产的保护 [J]. 遗产与保护研究,2018,003(005):9-11.

(二)社会发展给黄河文化与非物质文化遗产保护和传承带来的巨大压力

1. 非物质文化遗产传承人在当地受重视程度不高

在现代化的教育过程当中,年轻人自小能够接触到非物质文化遗产的机会非常少,甚至于对故乡的风土人情也不甚了解,在这种形势之下,要想让黄河流域的非物质文化遗产得到社会的认可非常困难。根据调查,现如今大部分黄河流域非遗传承人为40岁至60岁,还有一部分70岁以上的传承人,应该说传承人的老龄化趋势非常严重,这对黄河流域非物质文化遗产的保护和传承而言无疑是沉重的打击。老一辈黄河流域非遗传承人之所以学习非遗技艺,大都是为了养家糊口,现如今此种方式已经无法带来足够的经济利益,自然也就不会将其传承下去。由此可见,黄河流域非物质文化遗产的传承和保护工作受到了当地人民思想意识的影响,如果传承人对非遗的传承有抵触情绪,就不可能做好对黄河文化和非物质文化遗产的保护和传承。

2. 生态环境的破坏不利于黄河流域非物质文化遗产保护和传承

生态环境直接决定了非物质文化遗产的产生。就目前黄河流域的生态环境而言面临着较大问题,比较典型的是水体污染问题。除此之外,在新时代背景下,其他类型的环境问题也逐渐增加。当地农业种植面积快速扩大,水资源需求急剧增加,然而就黄河流域目前的生态系统状况而言,其水资源并不能满足发展的需要,如果强行发展,必然会对生态环境带来不可逆转的破坏。尤其是黄河流域的上游地区,生态环境破坏非常严重。保护好黄河文化和黄河流域非物质文化遗产,首先要保护好当地的生态环境。然而,目前黄河流域的生态环境正面临着前所未有的挑战,黄河流域沿河居民的生存发展也存在大量问题,这对黄河流域非物质文化遗产的保护和传承工作非常不利。

(三)文化更迭对于黄河流域非物质文化遗产保护和传承的影响

1. 新兴文化对黄河流域非物质文化遗产的影响

随着经济的发展和科技的不断进步,世界各地之间文化交流日益密切。西方国家也试图将其文化势力渗透到世界各国当中,以期提高本国的竞争力及话语权。对此,我国的传统文化面临着巨大挑战。传统文化受到了西方文化的影响,两者有融合也有对抗,从中也产生了新的流行文化。无论是重娱乐、强刺激还是易复制等特点,都在这种新兴文化当中得到了很好的体现,因此,新兴文化更容易受到大众的欢迎。黄河流域的传统文化在受到新兴文化的冲击之后,不仅没有得到发展进步,反而在新兴文化的“打压”之下,影响力逐渐降低。文化桎梏和地域局限也限制了黄河流域非物质文化遗产的发展,大众审美也不容易接受,长此以往,势必会使得整个黄河流域非物质文化遗产受到影响甚至消失。

2. 黄河流域非物质文化遗产的创新性匮乏

黄河流域的非物质文化遗产之所以在传承方面面临较多问题,主要是由于创新的匮乏。一方面因为文化教育限制了黄河流域贫困地区老一辈传承人的眼界,受到文化桎梏的影响,他们无法大胆进行创新;另一方面,在整个世界文化格局的变化中,黄河流域的非物质文化遗产传承人缺乏思想意识的前瞻性,未察觉到黄河流域乃至全国的非遗文化处于相对危险的局面。除此之外,受环境条件和经营条件的限制,本地区传承人的非遗保护之路困难重重。在如今的社会环境中,文化的传播需要进行创新,需要同时代相适应,这也正是老一辈传承人所缺少的。况且由于老一辈人的思想观念较为保守,在文化的表达形式上也较为单一,关于黄河流域非物质文化遗产的创新并不充分,即便有发展机遇出现,也无法牢牢把握。

3. 黄河流域少数民族非物质文化遗产面临的危机

在黄河流域主要生活着藏族、满族、东乡族、撒拉族、蒙古族、保安族、回族、土族等少数民族群众。这些少数民族群众用自己的勤劳与智慧创造了众多非遗文化,并将其传给后代,成为中华民族的重要文化遗产。目前,黄河流域的少数民族大多聚居于偏远闭塞的山区,交通不便,当地百姓缺少与外界的交流,很多现代的事物进入该区域存在困难。这种现象虽在一定程度上发挥了对文化遗产的保护作用,但无法使其得到真正的传承。由于当地居民受教育程度比较低,因此很多非遗传承人都缺少自主创新的能力。当外来文化进入时,他们很难采取有效的措施去应对。近些年,由于一些地区的人口逐渐减少,导致很多非遗文化无人传承,从而面临失传风险。与此同时,还有部分少数民族一直过着与世隔绝的日子,这让很多先进的文化遗产保护措施都无法得到真正落实,只能遗憾地看着这些文化遗产逐渐消失。对此,采用什么样的措施去帮助这些少数民族传承他们的非遗文化也是当前我们应当首先解决的重要问题。①

三、黄河文化与非物质文化遗产保护对策

(一)加快黄河流域经济发展速度

为了确保当地生态环境不被破坏,通过能源开发来实现经济发展的传统方式并不适合黄河流域,需要另寻其他的路径。对此,应重视当地手工业的发展,利用轻工业来实现黄河流域非物质文化遗产的推广与宣传,将这些非物质文化遗产转化成商品进行出售,进而提高当地群众的收入水平。

近些年,山东省将本地区的非物质文化遗产与脱贫工作相结合,获得了很好的效果,但对于黄河流域的贫困地区而言,这些地方的轻工业发展要和互联网基础设施建设同时开展。首先,要用“互联网 + 物流”的全新方式提升这些地方的经济水平。其次,要发展黄河流域的特色文化旅游,将美术、竞技、传统表演

①刘森. 晋南地区非物质文化遗产中面点技艺的艺术鉴赏[J]. 美与时代(上旬刊),2019(01).

艺术和民间文学等与当地的旅游产业进行融合，从而实现非物质文化遗产的推广和文化软实力的提升，促进当地经济的增长。最后，在发展的过程中要注意对当地环境的治理与保护，减少游客对当地环境的破坏，在确保保护环境的前提下，实现传承人经济收入的增加。只有这样才能够让他们对黄河流域非物质文化遗产更加重视，更有动力去实现黄河文化与黄河流域非物质文化遗产的传承。

（二）增强创新能力，推进非物质文化遗产专门学校的设立

创新需要以知识为基础，但在黄河流域，居民在传承和保护非物质文化遗产方面的创新能力不足。若想解决这一问题，就要加大对黄河流域非物质文化遗产传承人的美学和文化教育，为他们注入创新活力。在创新的过程中，要紧跟文化的发展，赋予黄河流域非物质文化遗产全新的时代内涵。与此同时，也要拓宽黄河流域传承人的视野，用更开放的眼光去审视非物质文化遗产的传承。在废除一些陋习的基础上，为传承人设立专门的学校，采用先进化、系统化、科学化的传承模式。另外，也要不断健全传承人保护体系，为他们的生活提供合理保障，保留更多非物质文化遗产的传承火种。要积极地向年轻人普及黄河流域的非物质文化遗产知识，将传承意识和非物质文化遗产的保护上升到义务教育层面。①

（三）以科技手段推进黄河流域非物质文化遗产的保护传承

随着当前科技的不断进步，保护和传承黄河流域非物质文化遗产也拥有了更多的方法。首先，很多地方都已经利用先进的影像技术对本地区的非物质文化遗产资料进行了保存，并创立了专门的网站。在陕西省，目前已经拥有十分完善的非物质文化遗产保护网，并且有大量可供查阅的影像资料。其次，现代工艺

①谢智学，郭宏远．“非遗”保护视角下民俗民间体育文化传承与发展的思考——以甘青黄河流域“羊皮筏子”漂流活动为例[J]．甘肃高师学报，2018，23(02)：132-136.

也为黄河流域非物质文化遗产的市场化提供了支撑。这些现代工艺简单几步就可以实现量化生产,这种做法不仅可以增加收入,而且也能够让传承人有更多精力研究这些技艺的核心操作。举例来说,在四川和山西等地的酿酒工艺当中,通过机械化的生产实现了产品的量产,既发展了经济,也实现了当地非遗文化的有效传承。目前,手机已成为人们获取信息的一个重要途径,一些已经拥有传承意识的年轻人通过这些智能设备对我国的优秀文化遗产进行推广和普及,也让黄河流域的非物质文化遗产借助智能技术进入到人们的日常生活中。

具有地域特色的黄河流域非物质文化遗产在人与环境的相处和彼此了解中应运而生。面对当前黄河流域严重的环境问题,我国也正采取多项措施对其进行严格治理,以此来保障当地的生态环境和居民的生产生活。例如,在青海省建立热贡文化生态保护实验区,为黄河流域在其他方面的工作提供了借鉴经验,并取得了一定成效。在对黄河流域生态环境进行保护时,可以将这些文化生态保护区与当地的自然保护政策相结合,在确保环境安全的前提下实现非物质文化遗产的传承和发展。要将非遗文化融入人们的生活当中,只有这样才能够让黄河流域的非遗文化不断地延续和传承,在发展中赋予更多的生机与活力。

(马致远,固原市原州区文化馆馆员,主要从事绘画研究及创作。)

岩画心语

——黄河流域岩画题材与艺术语言特征分析

◎ 宋永忠

摘　要:本文对黄河流域的古代岩画题材和艺术语言进行了特征概括与类型划分,将主要题材概括为人像、动物及其他三种,将艺术语言归纳为北方岩画“刻制”与南方岩画“彩绘”两种类型,相应的绘制方式为“刻”与“画”两种,在凿刻技法上呈现出地域性特征。这些岩画题材广泛,语言质朴生动,通过形态对比与心理感受的直观表达,传达原始而真挚的心理感受,对现代绘画艺术创作具有宝贵的借鉴意义。

关键词:中国古代;黄河流域;岩画;艺术语言

一、以黄河流域为主的古代岩画艺术遗存考察

根据实际地层遗存考察,参考历史传说,我们大致了解到,中国古代岩画的滥觞与中国最古老的传说有很大一部分具有相同的缘起,有着共同的发祥地——“昆仑之墟”!正是在那里,孕育出西王母、黄帝等神话传说。据《竹书纪年》所载:“穆王十七年,西征昆仑山,见西王母……天子觞西王母于瑶池之上,西王母为天子谣……”中国古人正是沿着昆仑山主干而下,进而向各方发展,

将对神圣故土的眷恋之情保留在岩画中。从地质构造来看,中国版图上有众多峻峭的崖壁,为原始岩画的创作提供了天然条件。因此,在许多主要山脉中都发现了大量岩画遗存,比如阿尔泰山、天山、昆仑山、阴山、贺兰山、祁连山、喜马拉雅山等。

目前已知我国最早著录岩画的应当是北魏时期的郦道元,他在《水经注》中就有关于新疆地区岩画的记载:"(于阗)城南一十五里有利刹寺,中有石靴,石上有足迹,彼俗言是辟支佛迹。"[①]此外,《水经注》中还记载了宁夏贺兰山岩画以及内蒙古阴山地区狼山岩画中大量存在的动物形象以及动物蹄印。"河水(黄河)又东北迳浑怀障西……河水又东北历石崖山西。去北城五百里,山石之上,自然有文,尽若战马之状,灿然成著,类似图焉,故亦谓之画石山也。又北过朔方临戎县西。"[②]此处记载说,黄河从甘肃北流到宁夏,经浑怀障(今宁夏平罗县陶乐镇)至汉代临戎(今内蒙古磴口县),这一地段的黄河沿岸有石,石上刻有类似战马的图像,这些都是郦道元亲眼所见。石崖山沿黄河到富平故城五百里,据专家考证,富平故城在今青铜峡黄河右岸,由此向西五百里,所处位置大约在今天的石嘴山一带。正是在石嘴山以北的贺兰山尽头,现代考察人员发现了大量岩画遗存。[③]依据《水经注》中所提供的线索,学者们先后发现了阴山和沁水[④]等处遗存的岩画。此外,在《韩非子》《史记》等文献中,也有关于岩画的记载。所载岩画遗迹遍及黄河、淮河以及长江流域,题材包括各种动物、神像、人面像、动物蹄迹、器物图形以及各种神秘的符号,开创性地记载了我国境内主要的岩画遗迹,与当时的地理、历史、神话等有密切联系。

①王国维. 水经注校[M]. 上海:上海人民出版社,1984.

②郦道元. 水经注[M]. 广州:广雅书局,2017.

③许成. 宁夏考古史地研究论集[M]. 银川:宁夏人民出版社,1989.

④谭其骧. 中国历史地图集(第四册)[M]. 北京:中国地图出版社,1996.

二、黄河流域古代岩画的主要题材

作为一种典型的原始艺术,岩画的形成与创作动机是与原始部落人们生活的场景分不开的。“尽管岩画艺术是为了满足人们对美的需求，但原始装饰的根本目的不是为了装饰,而是作为一种有实际意义的标志或象征,即为了表达一定的使用目的。原始艺术是和原始社会的生产生活联系在一起的。”[①]中国疆域辽阔，在地域经济发展上存在较大差异，使原始艺术的分布呈现出多样性。如,中原的彩陶文化和黑陶文化一般反映农业生产,而南方的新石器文化所反映的生产情况又是极其复杂的。概括而言，中国古代岩画的题材丰富多彩,包括生活的各个方面,主要分以下几类。

(一)具有突出地位的人面像

黄河流域古代岩画中的人面像富有想象与创造性,其中一个突出的特点是将神灵进行形象化。关于人面像一类的岩画遗迹，较早的考古记载是 1928 年瑞典考古学家贝格曼在内蒙古阴山的狼山发现的人面像岩石刻画。1976 年,盖山林又在该地有了新发现。此后,在宁夏的贺兰山等地也有人面像岩刻的遗存发现。如宁夏贺兰山岩画中出现了以人的五官所进行的象形刻画,将人像整体概括为完整的圆形，在整体内任意分割,组合点、线、面等,产生变化多端的人面形象，也有的人面像没有整体轮廓，只表现人面上突出的鼻子、眼睛等,所用线条粗犷,形状自由。江苏连云港人面岩画以细线刻画,圆弧状线条与点相呼应,富有韵

贺兰山岩画——太阳神

①格罗塞. 艺术的起源[M]. 蔡慕晖,译. 北京:商务印书馆,1984.

律;阴山岩画的人面像则以稚拙的短线条、刻点、圆线条进行随机分布,突出眼睛的形状与一些小的符号组合;内蒙古乌海桌子山岩刻人面像则注重以粗犷线条围合成人面,并表现躯干与四肢部分,人面则由放射状的粗线条向外辐射,人物的基本形态表现生动、富有特征。这些形象的表现元素有了聚散、疏密,并体现出组合关系的变化,已经有了完整的人物形象的个性特征与关系表达。画面已经将感受与想象相结合,对于形象特征与关系的处理也有了明显的思想意识,运用线条的有机变化与组合关系,表现出较为完整、丰富而富有情感的画面。

(二)普遍存在的动物图像及其表现

与原始人生活关系密切的动物,一方面是生活狩猎对象,另一方面又是原始图腾崇拜的来源。因此,动物形象在原始人类的生活中具有重要地位。从生活来源讲,原始人类狩猎必须要掌握动物的各种习性,通过对动物形象的描绘,可以认识动物的特征,诱发狩猎联想,传递狩猎与畜牧经验。因此,在我国原始岩画中,动物形象占有很大比重。对于这种传统的狩猎生活题材的表现,比较典型的是北方游牧民族聚居区,尤以内蒙古地区的原始岩画较为突出。如内蒙古乌兰察布岩画分布在阴山以北的乌兰察布草原及其西南地区,迄今发现岩画点 40 余处,各种图像超过 10000 个,表现题材主要是畜牧生活,涉及马、牛、羊、狗、骆驼等动物,其中最多的是山羊。这些岩画在表现技法上多运用敲凿方式,进行剪影式平面图像处理。在这些图形中,一部分是写实的单个形象,另一部分是将若干图形连缀起来,进行简化与变形,或者采取上下重叠、挤压等方式,由此

阴山岩画——狩猎图(局部)

构成充满想象力和创造性的图案式画面。以几种动物抽象的纹样为基础,有的几乎抽象为一个符号就代表一个动物。在此基础上,将这些图符进行极为复杂的变化与组合,构成画面。这种方式在北方后世草原民族的青铜器、铜牌上得到了继承。

黄河流域岩画中的人面像或者动物纹饰在表现形式、技法上主要有两种。第一种是没有轮廓线的人面变形所呈现出来的抽象风格,如连云港原始岩画中的人面像,利用几个孔状点来代表的可能是眼睛或嘴巴、鼻子等,其中最突出的是眼睛,通过代表眼睛的各种图案,传递出奇特的情感,具有原始而独特的意识。第二种是有外轮廓线的形象刻画,这种方式最为常见。它的轮廓线一般都凿刻得很深,轮廓线内的五官造型多变,甚至怪异、神情奇特,还有曲线与直线的纹饰穿插其中。如宁夏贺兰山岩画中全轮廓的形状呈现出正方形或者心形,富有意味。

(三)其他题材及其主要表现语言

随着题材的积累,阴山、阿拉善、贺兰山等处的岩画题材逐渐丰富,有放牧羊马、狩猎骑射和各种野生动物、家畜、天地神祇、车辆畜圈,甚至是日、月、星、辰,以及各种图形符号、原始文字、数字等。这些岩画图像集中反映了北方古代草原的生产生活,并呈现出多种状态。仅狩猎场面就有单人猎、双人猎、多人猎,所持武器有弓、箭、棍、棒、绳索和砍刀等。后期又出现了家畜放养、放牧等场面,反映出原始宗教崇拜、自然神灵信仰等神秘思想。这些岩画利用图像和符号记录事件与活动,反映了高度发展的原始文化信息。这些画面运用了点、线、面等元素,通过图像大小穿插,结合画面形象关系组成具有复杂情节,并包含着原始绘画意识的图案,其中较为突出的是对于动物的想象式的刻画与处理方式。其表现途径一部分源于现实的鱼纹、鸟纹、牛纹、马纹、虎纹、羊纹等,另一部分来自想象,如龙纹、饕餮纹、夔纹、凤纹等。这些由动物图像概括抽象而来的图像元素，逐渐演化成为刻在动物甲骨上的文字。我们可以甲骨文作为研究资料，对其中的这些元素进行考察分析。例如，根据殷商卜辞的记载，关于鹿的文字很多，一次所获匹数，最高纪录竟达384匹之多。①

三、从黄河流域到江南岩画的主要艺术语言特征概括

从艺术语言角度来讲，中国古代岩画主要运用直觉本能的表达方式，大致分为“象生性”和“图案性”两种类型。“象生性”主要是人、动物与植物类的象征图纹；“图案性”则以直、曲、斜向的线条以及各种点状与三角形等抽象性纹饰为主。这些纹饰形象生动逼真，在组成上具有多元化，分为单体与叠加组成等不同运用方式，充满运动感与质朴情趣。从黄河流域到全国，目前发现的原始岩画基本的艺术特征可以概括为：风貌古拙，造型简括，突出轮廓线，剪影式概括形体，并试图用线条去勾勒形象的动势。不论采取的是“刻制”方式，还是“彩绘”方式，其绘制方式都包括“刻”与“画”两类，都能够利用石头自然的凹凸与裂陷等，形成独特的艺术特征，都具有不加修饰的自然面貌。在表现技法方面，这些刻在露天岩石与坡地的岩画绝大多数采取凿刻与涂绘两种方式，这是由当时所能运用的工具所决定的。同时，又受到自然气候与地理因素影响，在凿刻技法上呈现出地域性特征。

从目前发现的中国原始岩画的主要艺术语言形态来看，大致可分为南北两大系统。北方岩画以黄河流域为主，艺术语言形态体系以“刻凿”为主，多以坚硬的物质为工具进行反复的凿刻，包括新疆的呼图壁岩画、内蒙古阴山岩画、甘肃嘉峪关附近的黑山岩画、青海的刚察岩画等，题材以动物、狩猎、生殖崇拜等为主，风格粗犷而雄浑。南方岩画以长江流域以南为主，艺术语言体系以“涂饰”为主，多以动物的血液与较为易得的矿石粉末相融合，以动物皮毛与植物纤

①郭沫若. 中国古代社会研究[M]. 北京：科学出版社，1960.

连云港将军崖岩画——稷神图(局部)

维捆绑在一起作为绘画工具,主要有云南沧源、广西花山、江苏连云港将军崖岩画等,题材以人物、房树、祭祀为主,风格朴拙而神秘。

沧源岩画(局部)

四、典型个案分析

(一)北方风格

阴山岩画《部族战争》表现的场景复杂,绘有激烈的冲突场面,包括部落人群的施射与中箭、追杀与奔逃等。其构图巧妙,一段为三人一组,胜方人多体格健硕高大,败者多体格渺小孱弱,形象对比明显。这种通过对比突出主体的方式具有原始的感受与本能的心理动机,是最古老的绘画表达方式之一。江苏连云港海州区锦屏山脚的将军崖岩画将植物拟人化,表现出万物有灵。图像多以线条表现,造型夸张,人物多为倒三角身体,器官是线性的抽象概括,简洁生动,具有神秘的精神内涵。

(二)南方风格

云南沧源岩画《舞蹈放牧战争图》全图由三段组成,上段所绘为盾牌舞蹈场面,中段为放牧图,下部为格斗场面。画面疏密相间又错落有致,将不同时空场景的人物组合在一幅画中,其中以中段放牧图的场面为穿插纽带,把人物动态作为主要的表现语言形态。

另一幅具有典型意义的沧源岩画《村落图》中,椭圆形轮廓线代表地面,栏杆式房屋横倒排列,房顶朝向中心,在村中心的两排大屋子为集结地,村外有一排肩扛长矛的狩猎人归来,还有从小路来带着各种牲畜的人,先后集结而来。图中村里有一些忙碌的人,显然是在准备一次盛会。这幅岩画的绘画语言形象、简练、概括,风格粗犷。在画面的整体分布上是以画者主体为中心而展开的,为使路人头部都朝上直立,把本来曲折的辐射状山路画成平行线,体现出质朴的艺术意味与原始心理。对于画者而言,这种奇怪的语汇是"写实性"的。这些稚拙而简洁的表现手法,体现了丰富多彩的绘画元素,记载了原始思维活动与某些宗教、梦境似的心灵世界的"写实"特征,是最接近于人类感知表达的直观式语言形态。

总体看来,以黄河流域和江南地区为主的中国古代岩画分布广泛、历史悠久、题材丰富,且呈现出明显的地域文化特征。无论是"刻制"还是"彩绘"方式,都能够通过形体的观察与概括,捕捉敏锐的感知,通过形态对比与心理感受的直观表达,将眼的观察与心灵的感受非常自然地融为一体,表现出原始而质朴的理念,具有很高的艺术研究价值。

(宋永忠,宁夏师范学院美术学院副教授,主要从事美术史类考古研究。)

黄河文化与传统彩塑艺术探究

◎ 杨贤龙

摘　要:黄河是中华民族的母亲河,是中华民族和中华文明赖以生存、发展的源泉。黄河宁夏段境内的彩塑艺术以它独特的展示方式和传承体系彰显着其独特魅力,内涵丰富,形式多样。本文旨在揭示黄河宁夏段境内传统彩塑艺术的内在价值。

关键词:黄河文化;传统彩塑;技艺特征

黄河作为一条自然河流，出自巴颜喀拉山脉各姿各雅山北麓卡日曲河谷和约古宗列盆地,经四川入甘肃、过宁夏到内蒙古,途经陕西、山西、河南,最后在山东北部入渤海,全长5494公里。黄河以她柔韧博大的胸怀孕育了黄河文明,她是中华民族的母亲河。黄河与黄土的关系是自然界的渐进过程,难言功过。在人类发展的进程中,黄河成为中华民族精神的象征。奔流不息的黄河给予我们民族的是永久张扬、奋斗不息的精神旗帜。沿着黄河走,在文明初始期的华夏大地上,多个各具地域特色的文化类型遍及整个黄河流域。

黄河宁夏段总长397公里,从宁夏中北部穿行而过,农耕文化遗存极其丰富,宁夏段境内的各族儿女在长期的生活实践中创造了许多非物质文化遗产,诸如民间文学、传统音乐、传统舞蹈、传统曲艺、传统美术、传统技艺等。它们都是世世代代劳动人民约定俗成的活态文化,既是黄河的根、黄河的灵魂,也是现代文化发展的不竭源泉,更是宁夏段境内各族人民真挚感人的艺术情结,堪称该文化领域的"活化石"。一般而言,非物质文化以口耳相传或身心相授的方式在父子之间或师徒之间相传,甚至有"传男不传女,传内不传外,宁可失传,不可轻传"的家族传承模式。"人亡艺绝"的现象令人担忧。

纵观黄河宁夏段境内彩塑艺术,其传承特征和艺术价值都是本区域传统文化中的典型代表。如今,深入研究和加大保护力度实质是一种创新性转化。

一、彩塑的文化内涵

(一)渐变概况

植根于黄河宁夏段境内的彩塑艺术属于传统美术序列,具有极其悠久的历史,有其蓬勃发展的高潮时期,也有一蹶不振的低落时期,低落中有新的突破和发展,它们的创作者在艺术实践中不断积累丰富的经验。

彩塑是雕塑的一种,它是由泥塑和绘画结合而成的一种工艺形式,彩塑制作是在成型泥质雕塑的表面绘上一定的色彩和纹饰,从而形成一个有着一定色彩效果的立体造型。彩塑流派纷呈,品类繁多,题材多样。它的主流是雕塑为彩绘提供一个载体,以立体和平面的视觉艺术展现在石窟和庙宇殿堂中。而真正让人观赏的是绘画内容,比如一些泥塑中,眉毛、眼睛、头发和胡须都是描画出来的。塑为彩坯,这个坯为彩绘预留下空间,以备彩绘完成构思,故彩塑有"三分塑、七分彩"之说。彩塑艺术有其自然形成的特定审美习惯,这种审美追求与标准必然地反映在彩塑艺术的创作中,于是就形成了鲜明的具有浓郁黄河文化气息的流派。

(二)流派体系

在宁夏最有代表性的彩塑流派当属闻名陕甘宁地区,号称"彩塑世家"的隆德县温堡乡杨坡村的杨栖鹤家族。杨氏彩塑以口耳相传、身心相授的方式传承着，它蕴含着大量的和谐思想以及行为规范，一直影响并带动着周边彩塑的发展，2008 年被列为第一批国家级非物质文化遗产项目。杨氏彩塑所呈现的艺术特征和风格，是黄河宁夏段境内传统彩塑的杰出代表。

杨氏彩塑 （展帆／摄）

据《杨氏家谱》记载，杨氏彩塑艺术起源于清道光十二年(1832)。杨魁山(1813—1884)为杨氏彩塑的第一代传人。“族仪泥捏兴，荐其山为头，弃乡访师迹，修觅周风祖，苦报艺悟深，三载掌门人”，真实地记载了杨魁山老人学习彩塑艺术的执着精神，后来他将杨氏彩塑技艺传给儿子杨廷辅(1850—1914)和杨廷弼(1855—1919)。第三代传人杨维福(1891—1951)接过祖辈的衣钵后，因生活所迫，远去新疆，将西域的艺术风格融入杨家彩塑艺术之中。第四代传人杨栖鹤(1930—2016)在父亲杨维福的耳濡目染下，很快掌握了杨氏彩塑家传的理论体系和传统制作技艺。

客观地讲，对于杨氏彩塑的艺术传承，最有发言权的当属杨氏彩塑第四代传人杨栖鹤老人。作为杨氏彩塑承上启下的关键性传承人，他不仅是杨氏彩塑技艺的传承者，而且是杨氏彩塑理论体系的奠基人。“文化大革命”期间，杨氏彩塑遭到毁灭性的打击，前三代传人用毕生心血总结出来的画诀和粉本付之一炬。杨栖鹤后来凭借着前辈言传身教的点点滴滴，和在后来的艺术创作中不断摸索、举一反三、大胆实践,终于将杨氏彩塑艺术的理论体系规范化和系统化。诸如泥料的选取、加工、调配、酿制,造型骨架的轧制、大形的塑型、衣纹的刻画、比例的把控、五官的雕琢、头饰的掩映、颜色的喷涂和色度的对比等,都是在长期的实践中总结出来的,实属不易。

党的十一届三中全会以后,年近五旬的杨栖鹤老人顺应时代的发展和需求,重操旧业,先后率领儿子杨成年、杨佳年,孙子杨贤龙、杨贤雄、杨贤麒和徒弟们长期致力于传统造像的修塑,从艺足迹遍布宁夏,为发掘和整理黄河文化宁夏段的彩塑艺术做了应有的贡献。

(三)泥与陶的结合

黄河水的特点是水少沙多,同时,黄河泥沙颗粒很细,有时河水甚至呈泥浆状态。由于黄河中上游水土流失十分严重,良田沙化问题较为突出。人类社会早期,生产力水平极其低下,生活在黄河沿岸的人们对于许多自然现象和生命存在,只能凭着想象和粗浅的认知去理解,在他们眼里万物都是有灵的,所以各种宗教题材的彩塑便应运而生。心灵手巧的人们开始尝试用黄河泥捏制一些简单的图腾造像,由于黄河泥沙含量较大,黏性较差,这就决定了史前时期黄河流域的彩塑所呈现的艺术造型较为粗犷豪放,色泽黄中带灰,不注重细节的刻画和修饰,人们对色彩的热爱和追求只是出于本能的冲动和内心对美的驱动。为了生活的需求,一大批烧制彩陶的艺术手法逐渐成熟。受仰韶文化、马家窑文化和龙山文化的影响,这一时期的彩塑作品主要以彩陶为主,由此泥塑与彩陶达到了完美的契合。

二、石窟造像助力彩塑技法的完善

石窟是开凿于山崖峭壁间的特殊形式的造像载体。石窟造像沿着古代中西交通南北两路进入我国,由天山南麓扩展至新疆大片地区,一路沿河西走廊向内地发展,石窟艺术也随之在这些地方发展起来。位于黄河中游的须弥山石窟(开凿于北魏时期)和位于腾格里沙漠边缘的石空大佛寺(开凿于唐朝初期)出土了大量彩塑造像,是宁夏境内石窟艺术的杰出代表。西域传入的泥塑造像技法很快被我国工匠所吸收,经过一代代继承相传,留下了无数精美绝伦的造像。从这些造像所呈现的制作风格和艺术手法来看,属于典型的黄河彩塑流派,只是在制作手法和造型比例方面吸收了西域彩塑的特点,世俗味较浓。但在泥料的配比和佐料的填充环节依然沿用黄河沿岸的材料加以调配。须弥山石窟和石空大佛寺双龙山石窟现存和出土了近200多尊不同规格或完整或残缺不全的造像,被文物专家界定为国家级文物,它们的艺术水平都达到了一个新的高度。蓬勃发展的石窟艺术为后人留下了极其丰富的彩塑造型,彩塑艺术也由此走向了艺术的顶峰。恢宏的场面、硕大的造型、华丽的色彩,不但注重形态的把握,神态的刻画也较为传神,流露出饱满雄健、深厚圆润的成熟风格,完全打破了民俗的藩篱,艺术的成分发挥得淋漓尽致。

三、新时期彩塑艺术的延展

为了贯彻落实习近平总书记在黄河流域生态保护和高质量发展座谈会上的讲话精神,推进黄河文化保护传承弘扬,宁夏回族自治区文化和旅游厅在我国第15个文化和自然遗产日,先后举办了“非遗进万家,文旅展风采”系列活动,宁夏黄河流域非遗作品创意大赛作为本次系列活动的开篇,包括扎染织绣、雕刻雕塑、刻绘剪贴、陶冶烧造、乐器制作5个门类。经过五市文旅部门精心组织选拔,共有120位代表性传承人带来600余件原创作品参加展览,并在比赛现场进行同台竞技。这次活动为包括彩塑艺术在内的全区各种非物质文化遗产项目的纵深发展提供了广阔平台。各种讴歌时代发展,弘扬社会正气和体现社会主义核心价值观的彩塑作品成为新时期彩塑艺术发展的主流。

总之,彩塑的形成、发展与社会的文化习俗发展紧密相连,它所涉及的内容和题材又反映着相关社会文化生活。今天的彩塑风格已经大大不同于传统彩塑,随着新工艺新技术的不断出现,新的材料取代了传统的材料,新的成型方法、新的创作理念打破了传统彩塑的局限,表现出了具有时代审美精神和全新艺术特色的现代造型,为黄河宁夏段境内彩塑艺术的传承和发展开辟了一个新的天地。

守住底线、突出重点、明确对象、拓展外延,这是黄河宁夏段境内新时期重新定义彩塑概念的关键词。我们不能轻视这些反映并表现人类发展历史的精神文化财富,应该充分认识彩塑艺术所具有的重大的、不可多得的现实价值,使其融入现代文化元素,在文创产品的研发方面取得新的成就,在助力发展全域旅游方面发挥应有的社会职能。

(杨贤龙,高级工艺美术师,宁夏文史研究馆研究员,第二批自治区级非遗传承人。)

黄河文化与非物质文化遗产研究

——以宁夏剪纸文化为例

◎ 吕银平

摘　要:黄河文化是中华民族文化的重要组成部分。贺兰山和六盘山南北相望,共同孕育了宁夏特色鲜明的黄河文化,在中国版图上绘出了一幅美丽的文化长卷。宁夏剪纸的图案内容广、表现主题多,以独有的艺术语言记录着悠久的民间传统文化。本文以田野调查为基础,梳理了宁夏剪纸的类别,非遗传承人对剪纸文化的创新,探寻剪纸图案蕴含的文化价值和精神价值,以及宁夏剪纸文化保持旺盛生命力的真谛。

关键词:黄河文化;宁夏剪纸;地域文化;精神文化

一方山水养育一方文化,六盘山、泾河、贺兰山、黄河等影响着宁夏地域历史文化的形成和发展,这里文化积淀深厚,滋生人们的精神力量和创业动力。[①] 北有贺兰山,南有六盘山,两座有名的山脉遥遥相望,在中国版图上组成了一幅风格迥异的宁夏画卷。时光不远,岁月不老,多少年它们以黄河为带,默默牵

①薛正昌. 地域文化与地方人文精神[J]. 宁夏大学学报,2013,11(6):184.

手,静静守望,共同孕育了这块土地上涓涓如细流绵延不断的黄河文化,使宁夏儿女在这片热土上幸福生活。而勤劳智慧的劳动人民也用各种淳朴的艺术方式表现着自己的生活,形成特有的精神和物质文化,如民间书画、歌谣、传说、刺绣、脚踏舞、抟土、农民画等。本文以剪纸文化为例,阐述剪纸图案中表现的价值及其人文精神,探寻新时期人们的精神文化传承,探寻剪纸对中华优秀传统文化的创新。

一、剪纸概况

宁夏剪纸是中国传统文化的一部分,是一个活的文化标本。作为古老的民间文化,它发源于生活,发展于生活。因为地域特殊性和历史因素,宁夏剪纸图案表现出原生态的特点。①但在日益发展变化的社会背景下,传统剪纸由普遍的生活艺术走向集中创作和商业化的道路,从原来的民间大众文化变成了少数人的特长和爱好,剪纸成了我们"乡愁"中的一段美好记忆。

与中国其他地方的剪纸相比,宁夏剪纸有其独特的地域文化价值,宁夏剪纸图案中反映黄河文化、中原文化、红色文化和本土意义上普遍流传的乡村文化居多。②笔者在走访剪纸非遗传承人的过程中发现一个共性:宁夏剪纸图形简洁、色彩单一。它常以传统的大红色、绿色、蓝色等单色为主。剪纸寓意丰富,意境深远,朴素自然,富有浓郁的乡土气息。剪纸的题材主要为生活中的常见事物,如十二生肖、大红喜字、家禽家畜、花草虫鱼、飞鸟走兽、故事传说、戏曲人物、生活场景等。只要是生活中用得到的,都会信手拈来。家禽家畜,如鸡、鸭、鹅、牛、马、羊、狗、猫等是农民朋友最喜爱剪的题材,因为这些动物与他们相依相伴。还有梅、兰、竹、菊、牡丹、荷花、水仙等寓意品质高洁的图案也较为常见。

---

①虎西山. 西海固民间剪纸(第三卷)[M]. 银川:阳光出版社,2015:13.

②李鸿儒. 隆德民间艺术[M]. 银川:宁夏人民出版社,2010:9.

宁夏剪纸反映地域特征，富有想象，充满智慧，如发源于六盘山的泾水河，它是黄河支流泾水的源头，有魏徵梦斩老龙王的神话传说，这也常常成为宁夏剪纸的题材。

以前剪纸普遍在当地民俗中运用，主要用于装点，营造节日气氛。现代剪纸的内容更加丰富，造型独特、图案活泼，大多用于房屋的装饰，还有挂画、商品包装和摆件等。因此，剪纸用途的变化也是审美变化的例证。

二、宁夏剪纸文化的类型

剪纸虽然是普通老百姓的艺术，但是它与人们对生活的情感和思想认识联系在一起，把实用价值与审美价值交织于一体，并与民俗联系在一起，这就确定了其旺盛的生命力。从简单原始的一物一图发展到现在的多个图案组合成一个整体的文创产品、旅游产品和非遗文化产品，宁夏剪纸体现了黄河儿女对生活的思考，对生活美的发掘，体现了用艺术的语言阐释人们奋进创造的人文价值。

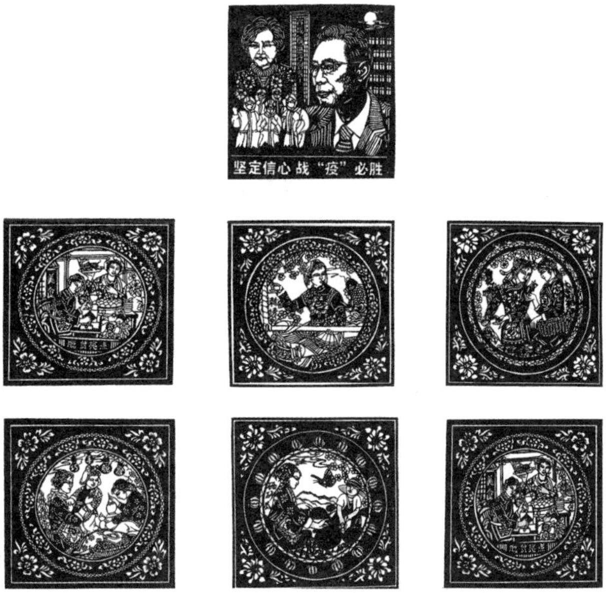

宁夏剪纸 （展帆／摄）

（一）宁夏剪纸文化的表现类别

宁夏具有独特的地域文化特征，是银川平原和黄土高原文化的结合体。历史上，银川平原受北方游牧文化影响，六盘山区受中原文化、农耕文化影响，因此,宁夏剪纸文化体现了游牧文化和中原文化的融合性质。一张剪纸上包天文,下含地理,形象巧妙地表达着传统民俗文化,也反映着天干地支和时令变化。根据走访非遗传承人收集的剪纸,笔者做了如下归类。

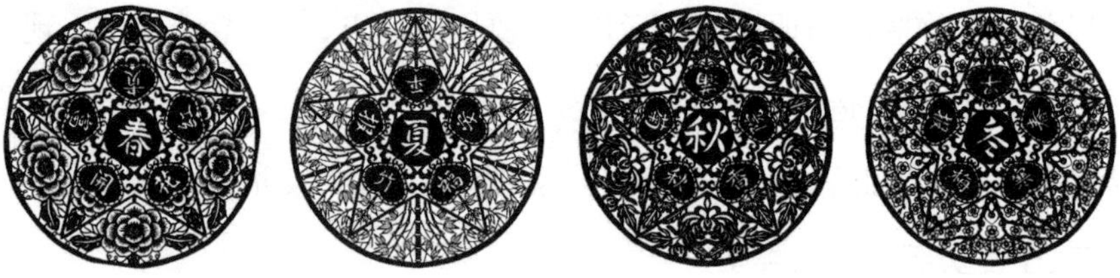

宁夏剪纸 (展帆/摄)

(1)民间故事类剪纸,如十二生肖、老鼠娶亲、刘海打柴、牧童夜归、老鼠偷油、牡丹仙子、泾河老龙、枸杞子媳妇等。

(2)新时期农村生活类剪纸,如奔小康、打井救旱、为人民服务、摘枸杞、土豆变金豆、医疗队、丝绸之路等。

(3)红色文化类剪纸,如西吉红粉、毛主席在单家集、做军鞋等。

(4)经典名著类剪纸,如《西游记》《红楼梦》《水浒传》《三国演义》中的系列人物。

(5)塞北文化类剪纸,如贺兰山岩画、平原沙漠、西夏风光、沙湖风景、昭君出塞、驼铃等。

(二)宁夏剪纸的创新性发展

武汉大学马克思主义学院教授骆郁廷指出:“把中华优秀的传统价值观进行创造性转化和创新性发展,丰富中华优秀价值观的时代内涵,促进优秀传统文化价值观与当代中国文化价值观的融合发展。”①在新时代背景下,传统的剪纸已将党的政策、社会主义核心价值观、民族团结、家庭和睦与尊师重教等融入

①骆郁廷,王瑞.论中华优秀传统文化现代价值观的转换[J].超星期刊,2015(6):28.

其中，表现了人民的爱国心、家乡情、真善美以及儒家文化和经典文化等，体现了艺术语言与人们心理、情感和传统文化的结合，也体现了传统文化在新时期的创造性转换。

三、宁夏剪纸文化的人文精神特点

宁夏的剪纸艺人大部分来自南部山区，当然也不乏其他地区的艺术家和传承人，如现居银川的国家级非遗传承人伏兆娥，还有多年耕耘在教坛的虎西山以及国家级文化名人张国勤等。在宁夏大地上，这些传承人和爱好者通过剪纸将当地人民对幸福生活的向往展现出来，也发挥着宣传生态移民、党的富农政策等现实作用。

（一）剪纸是非遗传承人精神生活的体现

文化是人们的精神家园。中华民族历来重视个人修养，以及人与人之间的和谐相处。讲仁爱、重民本、守诚信、崇正义、尚和合、求大同，这些古代“自我修身”的价值观念，已逐渐转变为中华民族“最深沉的精神追求”和共有精神家园。剪纸非遗传承人用朴素的艺术符号表现积极乐观的生活态度，朴实的剪纸艺术承载着创作者的精神和思想。剪纸里的图案或夸大、或比喻、或谐音，表现个人对生活的理解和对生活的思考。隆德县三禾剪纸工作室的剪纸以毛主席诗词、五牛图、花开富贵牡丹图、青花瓷等内容表现六盘山人的大气和远大恢宏的志向。隆德老巷子的乡情剪纸展现了地道纯粹的农村文化，其剪法既有创新，又继承了农村的传统剪法。这里还可以看到原生态的剪纸，如鸡、鸭、鹅、小猫、小狗、农耕图、金鸡报晓，还有著名的太阳神剪纸，内容或歌颂农家生活之美，或咏叹人生之艰，其中的寓意深深打动着我们。

（二）剪纸是女性文化身份的代言

剪纸是美化、点缀生活气氛必不可少的艺术品。巧手剪天下，剪纸也是女性表达自己内心世界的方式。在农村，创作剪纸大多是妇女的专长，节日里装饰门窗,生活中美化衣物、鞋子等生活物品,妇女们对传承剪纸文化做了很大的贡献。

曾被联合国教科文组织授予“中国民间工艺美术家”称号的伏兆娥,作为国家级非物质文化遗产代表性传承人,也是女性心灵手巧、自强自立、聪明智慧的榜样。她的作品《十二生肖》《贺兰山岩画》《福禄寿喜》《四大名著》等,不仅传播了剪纸文化,而且积极展现和传播着中华优秀传统文化。从2000年起,伏兆娥开始转变理念,将民间手工和现代技术相结合,创建剪纸数据库,创新产品,拓展应用市场,与现代生活结合,让剪纸文化和艺术走进更多人的生活。她代表宁夏,把宁夏剪纸文化推向亚洲、欧洲,让它们走上世界舞台。镇北堡西部影城里的剪纸作坊更是面向国内外游客,向世界诉说着宁夏人的智慧和创造精神,展示着悠远深邃的黄河传统民间文化。

自2009年中国剪纸被列为世界级非物质文化遗产以来,通过部分民间剪纸爱好者和非遗传承人的努力,使得过去家庭形式的大众剪纸走向群体性创作和专业发展多条道路。现在,最直接、最有传播意义的经营方式是剪纸出现在文化大院和旅游景点,如镇北堡西部影城,还有固原的王永红文化大院、隆德老巷子、西吉的龙王坝山庄等地,它们将各种民间文化集中于一处展示出来。近年来,宁夏一些剪纸艺术家不仅自己认真学习技艺,还积极给中小学生授课,传授剪纸技艺,同时参加各级各类比赛,发扬和传播中国传统文化。他们的作品把宁夏的文化展示给世界,为我们收获了荣誉的同时,也把黄河文化发扬光大,为我国文化软实力的提升贡献了力量。

(吕银平,宁夏师范学院外国语学院副教授,主要从事文化翻译和非物质文化遗产研究。)

黄河文化宁夏段的文旅融合研究

黄河文化宁夏段的文旅融合发展研究

◎ 杨学燕

摘 要:本文将黄河文化资源分为五大类,即自然资源、生态科技资源、历史文化资源、人文资源和黄河文明。关于黄河文化的开发,黄河流域九省区要共同整理黄河文化资源内容和单体,并找出各省的优势资源作为抓手,从而整合其他资源。对于资源中的世界级名片要加大开发力度,通过业态融合、生产融合、销售融合和全民参与的方式开发黄河文化。生态产业化和产业生态化是文旅融合的原则和底线。

关键词:文化资源分类;黄河文化;融合;生态

一、加快整理千年积淀的黄河文化资源

(一)黄河文化资源的分类

黄河文化是一项重要文化遗产,黄河流域沿线九省区要联合起来,从多方面加快摸清黄河文化资源。举凡黄河流域各地特有的黄河文化资源之外,黄河流域共有的生态文化资源、人文资源、历史文化资源以及黄河文明等,都可以在宁夏开发利用。

表1 黄河文化资源分类

大类	亚类
黄河自然资源	地形、地貌、矿藏、气候、降水、河曲、湖泊、流域分界、土壤、植被、森林、动物、可再生资源等
黄河生态科技资源	河名演变、河曲成因、治水传说、泥沙、灾害、改道、沙丘、沙地和岗地、水土流失、荒漠和沙化土地、黄土高原、黄河三角洲、耕作和抛荒土地、防洪体系、堤防、水库、桥梁、湿地、水污染、古代都城文化遗产、历代治黄文献及方略、古生物化石、治黄遗址、水文化遗产、引黄灌溉工程、河防图等
黄河历史文化资源	历史丛书、黄河志、非物质文化遗产、考古遗址、农业文化遗产、黄河故道、水利工程、远古人类活动遗迹等
黄河人文资源	鱼鳞册经济、民间水利组织、河道图、黄河号子、黄河交通工具、黄河流域杰出人物、民族、风俗、文学、艺术、建筑、宗教、生产工具、农耕技术、农业生产系统、诗词歌赋、服饰、饮食、医学、商业、社区、节日、禁忌文化
黄河文明	物质文明、精神文明、制度文明

注:本表格为笔者整理。

黄河文化的挖掘与传承,是见证天、地、人之间各种规律与法则的过程。① 某种程度上可以说,一部黄河文化生成的历史就是中华民族形成的历史。黄河文化内涵丰富,五个大类的资源体系中,涵盖的亚类数量众多,具体的载体数量庞杂,摸清这些载体的情况是一个巨大的工程。因此,需要联合九省区共同整理黄河文化资源,在理清共性的基础上找出各自的优势资源,整合、提升资源开发水平。

(二)宁夏独有的黄河文化名片

在开发借用全流域黄河文化资源的同时,要重点梳理和开发利用黄河宁夏段文化资源,丰富黄河宁夏段文化研究成果,为实现宁夏文化产业、旅游产业和公共文化服务业的高质量发展及融合发展提供基础。

---

①李记全,国庆忠,谭泽媛.依智慧性内涵传承发展黄河文化浅探——以济南市为例[J].科技风,2019(8).

1. 独特的治水文化

在历代的治水实践中，宁夏积累了丰富的治水、用水、管水经验，因此要细致梳理黄河宁夏段的相关治水文化资源。

表 2　黄河宁夏段独特的治水文化资源

名称及内容	时代
激河浚渠	汉代
灌溉制度	北魏
卷埽技术	西夏
木闸、滚水坝控水	元代
石闸布设、刻字“水则”	明代
飞马报汛、埋设准底石、闸坝砌筑、植柳固堤、渠道岁修、插杠挡闸等	清代
拦河建坝、兴建水库、扬水分流等	近现代

2. 覆盖全区的沟渠系统

河流是远古人类步入文明社会的孕育者，也是人类文化不断前进的引导者，更是人类社会巨大变迁的见证者。黄河流域是我国乃至世界最早开发的地区之一，先辈们最早从黄土高原开始，生存在适合农耕文明早期萌芽的干旱地区，农耕技术发达以后，逐步开疆拓土，逐渐开发了长江、珠江流域，并最终发展成为世界上第一人口大国。开宁夏农业灌溉之先河的秦渠，始于秦汉时期，是宁夏古老农业文明的象征，至今宁夏有效灌溉面积达 400 万亩。今日宁夏灌区共有 14 条干渠、近千条支渠，最著名的如开凿于周朝至秦朝（旧渠长 71 公里，后裁弯取顺后为 45 公里）的秦渠，渠道经青铜峡、吴忠和灵武三市；开凿于汉武帝太初三年（前 102 年）的汉延渠（旧渠长 119 公里，后裁弯取顺后全长 80 公里），渠道经青铜峡、永宁、银川市区和贺兰；而最长的唐徕渠干渠长 154 公里，经青铜峡、永宁、银川市区、贺兰、平罗、石嘴山等六市（县）。郭守敬改建的唐徕渠、汉延渠及秦家渠等12条干渠和68条支渠,为宁夏水利史写下了光辉的一页。清朝时宁夏的黄河灌区面积由明代中叶的130余万亩扩大到200余万亩,灌溉农业达到1949年前整个历史时期的顶峰。清代宁夏大米曾品居“贡米”之列。1960年,青铜峡水利枢纽成功通水。阡陌纵横的沟渠系统,成为造福宁夏人民的重要水利设施,也书写了2000年的黄河故事,新时代宁夏的黄河故事也将继续书写和传承。

唐徕渠穿银川城而过 (李鹏/摄)

青铜峡水利枢纽工程局部 (李鹏/摄)

3.“天下黄河富宁夏”的黄河之利

宁夏,在中国版图上呈南北状,地形整体以丘陵、平原、山地和沙地为主。接近于南北走向的贺兰山脉,将内蒙古的黄沙阻隔,贺兰山以东便是宁夏平原。水的存在,孕育了生命,传承了历史,“黄河百害而一利”是历史对黄河的评价,黄河“一利”孕育了从古至今的黄河农业文明和黄河文化,孕育了宁夏平原的山川风土人情,成就了“天下黄河富宁夏”的美名。

万里黄河从甘肃和宁夏交界的黑山峡进入宁夏的中卫市,一直向西再向北蜿蜒而上,沿着腾格里沙漠的东南边缘进入宁夏平原,途经青铜峡,最后从石嘴山进入内蒙古的乌海市,流程397公里。黄河宁夏段赋予宁夏“塞上江南”的美名。银川平原农业发达、物产丰富,这最早可追溯至秦始皇时代,隋、唐以后“塞上江南”之美誉历经千年而不衰。

4. 世界灌溉工程名片背后的时代重托

世界灌溉工程遗产是与世界文化遗产、世界自然遗产及世界农业遗产齐名的世界遗产,是人类文明千年传承的智慧结晶。2017 年 10 月 11 日,宁夏引黄古灌区成功列入世界灌溉工程遗产名录,填补了宁夏申遗空白,也是我国黄河流域主干道上产生的第一处世界灌溉工程遗产,宁夏向世界亮出了“塞上江南”的闪亮名片。正如国际灌溉排水委员会的评价:宁夏引黄古灌区 2200 余年来的农业发展是宁夏平原的里程碑。这份响当当的名片和中卫沙坡头——全球治沙 500 强单位的荣誉,共同为宁夏缔造了一份时代责任——将宁夏发展成为黄河流域生态保护和高质量发展的先行区,这既是时代要求,也是发展目标。宁夏引黄古灌区作为世界农业灌溉工程遗产,水洞沟作为新石器时代的典型遗址以及贺兰山岩画享有的盛誉,这些是宁夏区别于黄河流域其他省区最重要的身份标志,也是黄河宁夏段文化开发过程中的保护之重。黄河宁夏段生态环境的保护和黄河流域的高质量发展在全国具有特殊意义,黄河流经的九省区中,宁夏是黄河唯一穿越全境的省区,“天下黄河富宁夏”的千年实践经验,在今天我们所推动的黄河流域生态保护和高质量发展先行区建设中有极大的借鉴意义。

二、黄河文化资源的文旅融合开发路径

(一)业态融合——文化产业和旅游产业的融合发展

将文旅融合发展加入公共文化服务业,实践“能融则融、易融则融”的目标。主要的融合路径和方法包括:(1)黄河文化资源与旅游产业的融合,形成“黄河文化 +”系列文化旅游产品;(2)文化产业和旅游产业的融合发展,通过产业“边界”融合,形成“黄河文化 + 产业”的新业态和价值链;(3)文化产业、旅游产业与公共文化服务业的融合发展,文化产业、旅游产业和公共文化服务业之间逐步实现融合发展;(4)黄河沿岸居民的生产、生活与旅游产业的融合,鼓励黄河

沿岸居民通过抖音、快手、哔哩哔哩、西瓜视频等知名直播网站分享自己的生产、生活场景,丰富宁夏旅游资源和旅游产品体系,拓展黄河文化传承与创新的空间,增加文化产品的辨识度和温度,赋予产品新的文化内涵;(5)网络达人参与建构下的黄河文化和旅游产业融合,网络达人以参与者身份,结合黄河文化元素和旅游产品共同打造具有黄河宁夏段特色的文旅产品,吸引潜在消费者参与产品生产和消费;(6)大时空建构下的黄河文化和旅游产业融合,延伸黄河文旅融合的时空范围,突出黄河文化旅游在大历史和大空间视角下的深度融合,与黄河沿线其他省区合作开发黄河文化旅游;(7)耦合区域内多部门力量,推进产业发展,充分调动文化资源向旅游载体进行依附,实现广泛的、可持续的、影响深远的文旅协调发展。

(二)生产融合——全视角开发黄河文化产品

1. 宁夏全域旅游线路产品的重新布局

宁夏全境中目前知名的旅游线路全部是南北线,东西线几乎是空白,黄河在已有的旅游线路中也没有足够的地位。开发以黄河为起点的东西向旅游线路若干条,突出黄河是中华母亲河、黄河孕育宁夏平原和黄河灌溉文化三个主题,设计新的线路产品。

2. 多产业联动促进黄河文化的文旅发展

宁夏虽地处西部,但处在中国的中部,北纬 38°,宁夏的葡萄酒产业、农业生态系统、沙漠、岩画等在全国都具有一定的辨识度和知名度。以黄河生态环境建设和沿黄城市带的发展为契机,借助新兴业态全力对宁夏的传统行业进行改造,加快新媒体、新行业、新兴数字信息技术的发展和融合,最终以“传统产业+文化+新兴产业”的模式,实现新盈利,并通过沿黄城市带的产业辐射,整合文化和旅游产业的全产业链,构建网络经济与实体经济协同发展格局,促进文旅经济发展。

（三）销售融合——打造无边界产业发展格局

（1）开发黄河文化产业及旅游产业的新业态，细分文化市场、旅游市场，文化产品、旅游产品以及公共文化产品等；（2）开发新的文化市场和旅游市场，建构黄河文化产品和旅游产品体系；（3）构建消费者参与下的宁夏文化及旅游开发方式，逐步实现文旅产品与实景、实物与数字相融合，模糊文化产业、旅游产业和公共文化服务业边界，扩展黄河文旅融合发展的地域空间和产业空间；（4）通过线上与线下、消费者与旅游地居民，以及数字化产品和内容体系的建构，打造无边界的文化产业、旅游产业和公共文化服务业区域发展格局，既深入平民生活，又精准定位消费者，同时要结合前沿科技开发产品。

（四）全民融入——共建立体化的媒体体系

鼓励发动各地的工会、学校、机关、单位，组织开展"我和黄河的故事"视频大赛，通过评选转载和点赞率最高的人气奖以及网络传播质量好的视频作品，全方位挖掘宁夏故事，让网友从视频中体会家乡美的内涵，体会生态环境保护的重要价值。同时，常年向全社会征集黄河文化相关研究成果，鼓励支持黄河文化创意产品的研发，每年从文化产业的专项资金中预留一部分发放到民间，打造全民参与的文化创意氛围，重点鼓励大型原创作品的开发和推广。

三、开发底线——产业生态化和生态产业化

以生态产业化和产业生态化作为黄河文旅融合发展的原则，实践生态文明与经济发展相融合，深入挖掘黄河文化资源，实现经济、文化、社会、生态和意识形态目标，让游客在享受高质量黄河文旅产品的同时，实践和担负起生态文明建设的责任和义务。

参考文献：

[1]彭岚嘉，王兴文. 黄河文化的脉络结构和开发利用——以甘肃黄河文化开发为例[J].

甘肃行政学院学报,2014(02).

[2]李小鹏.从黄河文明到“一带一路”(第一卷)[M].北京:中国发展出版社,2015.

[3]汪一鸣.宁夏人地关系演化研究[M].银川:宁夏人民出版社,2005.

[4]范毓周.从考古资料看黄河文明的形成历程——兼论中原地区文化的地位与作用[J].黄河文明与可持续发展,2013(01).

(杨学燕,博士,宁夏大学副教授,硕士研究生导师,主要研究方向为旅游管理、文化产业及民族社会学。)

黄河文化与宁夏文旅融合发展研究

◎ 黄浩宇

摘 要:黄河文化代表着中华文明,有着悠久的发展历史,随着时代的改变,黄河文化内涵不断被更新与丰富。宁夏具有丰富且独特的黄河文化,近年来,在传承和发扬黄河文化方面做出了很多的努力。本文在黄河文化的背景下,梳理宁夏的历史文化资源,提出了如何更好地将黄河文化与文旅融合的措施。

关键词:黄河文化;文旅;融合;宁夏

一、黄河文化旅游内涵

文化的弘扬离不开旅游的发展,而旅游的发展更需要依赖于文化,只有将文化和旅游相互结合,才能促进共同发展,提高文化旅游内涵,促进每个景区的发展。“黄河金岸”战略的实施可使宁夏黄河文化旅游事业向更高层次发展,也是该地区实现跨越式发展的关键。黄河流经宁夏长达397公里,让宁夏有了良好的自然资源和农业生产优势,加上水利设施丰富,从而形成了具有特色的文化旅游产品,在国内的知名度也越来越高。

目前,宁夏以黄河为主体的最具有代表性的文化旅游资源是沙坡头旅游景区,该景区实现了黄河与沙漠的完美结合。宁夏的黄河文化体系内涵丰富、历史悠久,所以将黄河文化与文化旅游融合在一起,不仅保护和弘扬了黄河文化,而且可以充分开发黄河文化旅游资源,使其富有吸引力,提升宁夏黄河文化旅游的吸引力,促进黄河文化和文旅的融合。在宁夏黄河文化旅游未来发展中,要努力将文化资源转变为旅游资源,努力打造知名文化品牌,不断丰富黄河文化旅游产业,让以黄河文化为主题的文化旅游成为宁夏文化旅游产业的重要组成部分,使宁夏文化产业发展更具有特色。

二、黄河文化在宁夏的历史资源

受惠于黄河及其支流的滋养,宁夏境内遗存了南磁湾恐龙化石群遗址、水洞沟遗址、鸽子山遗址等远古文化遗产,在历史发展过程中形成了灿烂辉煌的黄河古灌区文化和农耕文化相互融合的黄河文化遗产,历史悠久,非物质文化遗产较为丰富。

沙坡头一隅 (田鸿亮/摄)

(一)形成了特色鲜明的传统艺术

经过历朝历代的发展,宁夏传统艺术主要包括戏剧、音乐、舞蹈、美术、书法、民间文艺、曲艺杂技等,具有浓郁的地方特色。宁夏的戏剧从明清时期开始,主要表现为秦腔的流入与兴起。到清代初期,秦腔在宁夏占据了主要的戏剧舞台。现流传的隆德曲子、固原曲子、盐池曲子、盐池道情、中卫道情、银川道情、眉户剧等具有地方化的小剧种,是根据当时群众的审美情趣,融合当地民歌小调,形成的更贴近人民的戏曲形式。宁夏的音乐以独具地域色彩的“花儿”为代表。与甘肃和青海的“花儿”不同的是,宁夏“花儿”内容广泛,体裁繁多,具有粗犷浓郁的地方乡土气息和朴实鲜明的民族民俗特点,时代感十分强烈。宁夏的美术起源于远古时期,以贺兰山岩画的原始图腾为代表。宁夏的民间文艺种类很丰富,流传下来的歌谣有六盘山“花儿”、固原小调、爬山调、信天游等,主要咏唱境内黄河纵横交织的河渠。

(二)创造了丰富的远古文化遗产

宁夏北部黄河沿岸,受益于有利的水土条件,侏罗纪、旧石器时代、新石器时代等远古时期就有古生物、古人类活动的遗迹。南磁湾恐龙化石群遗址是迄今为止我国发现的面积较大、分布集中、保存完整、周边环境未遭破坏的恐龙化石群,对展现史前生态景观,研究西北地区远古时期地理、气候,恐龙种属的繁衍、迁徙、灭亡及大陆板块漂移学说,提供了珍贵的实物资料和重要的科学信息。位于灵武市境内的水洞沟遗址是我国发现最早且进行科学发掘的旧石器时代文化遗址之一,也是宁夏境内迄今发现的最早的人类活动遗址。青铜峡市境内的鸽子山遗址是继水洞沟遗址之后宁夏发现的又一处重要的旧石器时代遗址，入选 2016 年度全国十大考古新发现，获中国考古学会田野考古奖一等奖。西夏陵被国家文物局确定为国家考古遗址公园。平罗县境内的高仁镇遗址地表残存大量打制石器、磨制石器、细石器和陶片,属于新石器时代遗址。贺兰山岩画位于贺兰山东麓，北起石嘴山市,南至中卫市胜金关,岩画总数约4万幅,包括射猎、放牧、战争、动物、人物、类人首、符号和彩绘岩画等，是我国古代北方西戎、匈奴、鲜卑、突厥、党项、蒙古等民族遗留下来的艺术作品,多方面、多层次地反映了古代人类在不同历史时期的经济生活、社会生活和宗教信仰，是研究我国古代北方民族迁徙史、文化史、宗教史、原始艺术史等珍贵的形象资料。此外,在石嘴山市、吴忠市、中卫市等境内还遗存有大西峰沟岩画、白岌沟赭色岩画、四眼井岩画、黄羊湾岩画、石马湾岩画等文物遗迹。

青铜峡四眼井岩画 （李鹏／摄）

(三)孕育了丰厚的农耕文化遗存

宁夏北部由于特殊的地理环境,早在秦汉时期就已经开展引黄灌溉。自秦代以来,修筑了秦渠、汉渠、汉延渠、唐徕渠、昊王渠、惠农渠等沟渠,已经成为宁夏沿黄地区农耕文化历史的标志性符号。秦渠、汉渠始修于汉代,分布在青铜峡市、利通区和灵武市,是宁夏黄河东岸主要的古老灌渠。汉延渠作为宁夏引黄古灌区重要渠系之一,流经青铜峡市、永宁县、兴庆区、贺兰县,灌地50多万亩。唐徕渠前身为汉代御史渠,是宁夏黄河东岸主要的古老灌渠之一,分布在青铜峡市、永宁县、兴庆区、贺兰县和平罗县。昊王渠是西夏时为解决贺兰山东麓沿山荒地的灌溉，沿山挖渠修建而成，流经永宁县、西夏区、贺兰县、平罗县，南北长150余公里。惠农渠始凿于清雍正年间，灌地75万亩，流经青铜峡市、永宁县、兴庆区、贺兰县、平罗县、惠农区。多条古代灌溉沟渠遗存，见证了宁夏引黄古灌区完善的无坝引水、激河浚渠、埽工护岸等独特工程技术，赋予黄河流域宁夏段深厚的历史底蕴和丰富的水利文化内涵，更是孕育了丰厚的农耕文化遗存。

（四）产生了珍贵的革命文化遗址

宁夏是一片有着光荣革命传统的红色土地，红军长征在宁夏留下了弥足珍贵的红色记忆。全区的革命遗址遗迹分为两类：一类是革命旧址，主要包括重大革命历史事件发生地、重要革命战斗遗址等；另一类是革命纪念地，主要包括革命纪念馆、纪念地、纪念碑、纪念亭、烈士陵园、烈士墓等。这些革命遗址遗迹分属文化、民政等不同部门或由不同行业管理。

（五）汇集了风格多样的古建筑遗迹

宁夏北部的黄河沿线建筑，既有受中原文化和外来文化影响深刻的官方建筑，又有受多种文化影响的宗教建筑，整体表现出了多元化的建筑风格。西夏陵受到佛教建筑的影响，使汉族文化、佛教文化、党项族文化有机结合，构成了我国陵园建筑中别具一格的形式。董府是清末将领、甘肃提督董福祥宅第，院落为传统砖木斗拱结构，布局为“二进三院”式，是典型的清代官府宅院建筑。银川鼓楼、中卫鼓楼、银川南门楼等古建筑也具有浓郁的中原文化色彩。

此外，宁夏境内的古长城，从战国开始，经过秦、汉、隋、明数朝的不断修筑，总长度达1500公里，今可见墙体1038公里，素有“中国长城博物馆”之称，是边塞文化的重要体现。彭阳姚河源商周遗址为了解西周的政治格局、周王朝与西北边陲地区的关系提供了珍贵的新资料，入选2017年度全国十大考古新发现，获中国考古学会田野考古奖二等奖。灵武窑址、固原北朝隋唐墓地等文物遗迹所出土的大量文物反映了宁夏在古丝绸之路文化交流中的重要作用。

(六)培育了丰富多彩的非物质文化遗产

经普查，宁夏地区以非物质文化遗产为代表的优秀传统文化资源有 2968 项,宁夏“花儿”、隋唐秧歌、黄羊钱鞭、皮影、泥塑、雕刻、剪纸、刺绣、宁夏小曲、贺兰砚制作技艺、枸杞栽培技术、中宁蒿子面、二毛皮制作、手工地毯制作、羊皮筏子制作技艺、羊羔酒酿造技艺、滩羊皮鞣制工艺、民间乐器、民间习俗等皆为代表。入选联合国教科文组织人类非物质文化遗产名录 12 次。

黄河宁夏段独特的生态资源、湿地资源、沙漠资源、历史文化资源以及黄河文明、民俗文化等旅游资源丰富。宁夏是全国第二个全域旅游示范省级创建单位,休闲度假、民俗体验、乡村旅游已经成为宁夏旅游业新的增长点。

三、促进黄河文化与文旅融合的措施

目前国家越来越重视对黄河的生态保护,对黄河文化的保护也是我国重要的一项文化遗产系统保护工程。不断将黄河文化发扬光大,提升黄河文化旅游在国际上的知名度是我们的责任，本文提出了促进黄河文化与文旅融合的措施,希望可以使宁夏黄河文化传承和弘扬下去,同时也提高人们对黄河文化的了解程度,更加认同中华民族精神。

(一)提升黄河文化旅游品位

不仅仅是黄河两岸,还有长江南北,都留下了人类祖先生活的痕迹,在历史的发展过程中,不断形成了多源一体的中华文明。黄河文化是我们祖先依赖于黄河,不断积累与创造出来的文化。随着国家对黄河文化的重视与保护,人们将黄河文化与旅游相互融合在一起,使更多的人了解了黄河文化,因此在文化旅游事业不断发展的过程中,宁夏的黄河文化旅游得到了开发与建设。努力打造国内黄河文化旅游,打造黄河文化旅游品牌,提升黄河文化旅游品位,扩大宁夏黄河文化旅游在国际、国内旅游市场上的知名度,在促进文化旅游发展的同时,让更多的人了解黄河文化,了解中华民族精神是我们当前和今后一个时期要做的重要工作。

宁夏很多的旅游资源是与黄河联系在一起的,如中华黄河楼、中华黄河坛、黄河宫等。为了使黄河文化和旅游更好地融合在一起,相关文旅资源开发商联合有关部门对这些设施进行升级,提高资源的品位,真正打响黄河文化旅游产业的知名度。一般来说,旅游行业的发展都会遇到"半年闲"的问题,要解决这个问题,可以通过建立黄河民宿,联合其他地区共同打造更多黄河文化旅游线路,从而吸引外地游客来欣赏宁夏的美丽风光,为游客们讲好黄河故事,让黄河文化与宁夏文化旅游融合在一起,从而推动宁夏地区产业发展。

(二)增加黄河文化的影响力

文化是一个国家综合国力的体现,提高文化竞争力,可以提高国家的软实力,从而在国际市场上占据更高的地位,吸引更多国内外的消费者,从而达到增加文化影响力的目的。在黄河流经的九个省区中,宁夏是黄河唯一贯穿全境的省区。黄河滋养了宁夏,宁夏的生和兴依赖于黄河,黄河是中华文明的发源地,也是宁夏发展的依托,我们需要将黄河文化更好地与文旅相融合,赋予黄河文化更大影响力。要通过宣传,让人们用全局性的观念去了解黄河,提高对黄河文化的认识。随着"黄金金岸"战略的实施,宁夏黄河文化有了新的发展平台,同时宁夏黄河文化有了新的内涵和新的内容,那么如何增加黄河文化的影响力,更新人们对黄河文化的认知呢?更多的旅游开发者要意识到黄河文化旅游资源的发展前景。

文化旅游是一项综合性的活动,让人们认识与了解文化的同时要具备展览、娱乐以及购物等功能,因此在开发黄河文化资源时要站在一个可持续发展战略的角度,避免个别性与偶发性等问题,使黄河文化向一个更高的层次发展。在进行黄河文化资源开发时,要做好基础性的工作,因此需要对其进行充分的调查,这样就有利于避免黄河文化资源开发后的低档性问题。比如中华黄河楼的建设与升级,为了满足消费者的要求,也为了增加黄河文化影响力,促进黄河文化与文旅融合,黄河楼内应该具备旅游的各项服务功能,更重要的是体现黄河文化这一主题,充分展现黄河与宁夏共同发展的悠久历史。宁夏在促进农业、工商业等各行业发展的同时,应该抓住时机去开发黄河文化资源,同时,黄河文化影响力的增加与文旅的融合,在一定程度上也会促进宁夏的经济发展。

(三)提高黄河文化发展力

从文旅融合的角度去建设与开发黄河文化旅游资源,可以在发展旅游事业的同时将黄河文化转变为金山银山,重要的是创新了黄河文化传播的方式,使更多的人对黄河文化背后所承载的精神有所了解。黄河文化具备历史性和时代性,充分挖掘黄河文化的发展潜力,可以使黄河文化的生产力发展到一个更高的层次。

为了提高黄河文化的发展力,促进黄河文化的生产力,首先应将文化旅游作为经济产业去发展,吸收旅游发展的经验,使黄河文化与文旅的融合更加符合中国国情。其次,开发黄河宁夏段文化资源,促进其与文旅融合,需要得到政府相关部门的支持,只有在各个方面的支持下,文旅对黄河文化发展的带动作用才会显著。黄河文化是宁夏生与兴的关键所在,也是我国文化的重要组成部分,只有在政府政策的支持下,黄河文化旅游事业的发展才会有更大的保障,发展速度也会大大得到提升,从而在一定程度上带动餐饮、服务等行业的发展。而且,要创新黄河文化旅游发展方向,必须要把眼光放大到国际市场上,努力做到大产业和大旅游,目前有很多的旅游爱好者对黄河的关注程度不断提升,渴望黄河之旅,我们应该抓住这个机会。最后,在发展黄河文化的生产力的同时要坚持可持续发展原则,正确定位黄河文化旅游产业。生态保护是共同的责任,旅游事业的发展依赖于自然资源，因此在黄河文化与文旅融合中更要注重优先考虑生态环境的保护。黄河文化是宁夏突出的旅游资源，也是宁夏旅游业发展的关键内容，所以以黄河文化为背景，做好黄河文化旅游项目的建设与开发，是提高文化发展力的重要措施。

（四）创新发展黄河文化旅游带

创新是黄河文化旅游发展的动力，在以文旅融合为目标，开发与建设黄河文化旅游的过程中要从各个方面，比如制度、管理、科技等方面创新，从而创造出更多的黄河文化旅游新功能。

首先，创新相关制度，利用顶层设计去实现各个方面的区域发展。黄河宁夏段文化旅游的发展需要与黄河沿线其他省份的文化资源进行整合，从而创新黄河形象。为了促进黄河文化与文旅的融合，应该成立由黄河文化旅游带的相关部门组成的协调机构，在其带领下对黄河文化旅游发展的重难点、空间及总体形象统一规划，从而形成更加统一的黄河文化旅游品牌，同时又具备宁夏地域特色。

其次，加强管理创新，对宁夏黄河文化资源进行分类。根据黄河文化相关资源的重要性与价值进行分类管理，对于比较重要和价值比较高的资源，相关部门要做好文物保护工作。宁夏在黄河文化资源的分段管理上，应该由各个市县区对黄河文化旅游资源进行日常管理和维护。

再次，在科技不断发展的今天，黄河文化旅游的发展也要依赖于技术，只有创新科技，创造出黄河文化旅游新的线路及产品和服务，才能更好地提升服务价值。如在黄河文化资源和宁夏文旅相融合中应用 AI、VR 及大数据等技术，从而保护黄河宁夏段沿线的文化，随着社会的不断变化，依然可以较为立体地展示黄河文化。利用新技术去促进黄河文化和文旅融合，提高旅客对黄河文化的认知，努力设计出更多的文化创意产品，以宁夏黄河沿线资源、黄河历史故事等为核心,创造一系列的文化旅游项目是当前亟待解决的。

最后,要加强黄河文化主体创新和载体创新。弘扬黄河文化,争取黄河入选世界文化遗产名录,积极打造黄河文化公园,使黄河文化与文旅融合得到更多的保护和支持。只有增加对黄河文化的保护与创新,才能让黄河文化不断传承、不断发扬,让更多的人认识到宁夏。另外,为了更好地促进黄河文化和文旅融合,要积极构建政府、企业及多种主体的多元模式,共同规划黄河文化旅游未来的发展。黄河文化的发展离不开多方参与,各类主体的参与可以为黄河文化旅游打造良好的内部环境,从而促进黄河文化与文旅的融合。

缺少了文化,旅游就失去了其根本意义;离开了旅游,文化就会很难将其发扬,因此只有将文化和旅游进行深度融合,才能促进二者的共同发展。宁夏有丰富的黄河文化,在不断发展的过程中,黄河文化旅游有了新的内容和新的内涵,如何促进黄河文化与文旅融合发展是人们目前关注的重点,因此本文提出了一些措施,以期不断提升黄河文化品位,积极创造出知名的黄河文化品牌。只有站在可持续发展的角度,立足于国情,不断提高黄河文化的影响力和发展力,加强主体、载体及科技的创新,使黄河文化旅游的各个方面都能够更加完善,才能更好地促进黄河文化与文旅的相互融合,促进宁夏地区社会经济的发展。

参考文献:

[1]夏立志.农业经济管理对农村经济发展的促进作用[J].农家参谋,2020(15).

[2]刘淑芬.浅析农业经济管理对农村经济发展的影响[J].新农业,2020(09).

[3] 赵英杰.试论农业经济管理对农村经济发展的促进作用 [J].农业开发与装备,2020(04).

[4]郭霞.农业经济管理对农村经济发展的影响研究[J].农家参谋,2020(08).

[5]贠有强,贾虎林,王晓华,等."宁夏新十景",美的不只是风景[J].宁夏画报(时政

版),2015(04).

[6]王兴文.论宁夏黄河文化的内涵及其符号表达[J].西夏研究,2015(02).

[7]袁进琳.关于促进宁夏文化旅游业大发展的思考[N].宁夏日报,2011-09-04(007).

[8]周大平.宁夏黄河文化的今天[J].瞭望周刊,1991(42).

(黄浩宇,宁夏民族艺术研究所副研究员,主要从事乡村文化、黄河文化研究。)

新时代背景下对宁夏区域黄河文化与旅游融合发展的思考

◎ 张沐晨　王　彦

摘　要:新时代背景下,勇于探索黄河文化与旅游融合发展是保护、弘扬和传承黄河文化的重要途径之一,是深入贯彻习近平新时代中国特色社会主义思想的具体体现,也是时代赋予我们的历史责任。本文通过对黄河文化宁夏段溯源的方式,指明其历史地位及现实意义,并采用实地调查和统计分析等方法阐述其与旅游融合的发展现状、存在的不足,最后针对性地提出建议和对策。

关键词:新时代;宁夏;黄河文化;文旅融合

“天下黄河富宁夏”,意为宁夏在引黄灌溉方面取得了巨大成就,使得年平均降水量不足200毫米的宁夏可以不用完全依靠天气而仰赖黄河繁衍生息。宁夏集沙漠、河湖、群山等众多地形于一身,拥有46种各类单体旅游资源近200处(含未评级),丰富的旅游资源为进一步发展壮大旅游业提供了巨大空间。在宁夏诸多旅游资源中,黄河文化纵贯古今、独具特色,影响极为深远,她为宁夏的现代旅游业注入了新的活力和灵魂,正吸引着越来越多来自世界各地的游客去探寻她深邃的内涵。现如今,我国已经唱响文旅融合发展的主旋律,这给宁夏深入探索黄河文化与旅游融合发展带来了新机遇,也为保护、弘扬和传承黄河文化觅得了良方。

一、源远流长的黄河文化

黄河,源头位于青藏高原巴颜喀拉山脉北麓的卡日曲,一路经青海、甘肃、宁夏等九省区,最终在山东省黄河口镇入海结束了万里征程,形成流域面积近80万平方公里。黄河是我国第二大河流,是中华民族的母亲河。黄河在宁夏境内绵延近400公里,自中卫市南长滩入境后便一改之前的咆哮,用母亲般温润的怀抱拥高山、融大漠、孕绿洲,积淀出了一个又一个独具黄河文化特色的自然和人文景观,最后在石嘴山市麻黄沟与宁夏"惜别"。

黄河文化指产生并发展于黄河流域的一种地域性文化,她孕育出了古老而灿烂的中华文明。从夏朝开始到今天,中华民族走过了悠悠4000余载,历史上安阳、西安、洛阳和开封四大著名古都均位于黄河流域,在黄河流域建都时间累计长达3000多年,因此在相当长的历史时期中,黄河流域都集中了我国的政治、经济和文化中心,是黄河文化滋养了中华文明坚实的根脉。黄河文化在宁夏段同样有着十分悠久的历史。考古研究发现,距今约三四万年前,宁夏就有了史前人类活动和生活的踪迹,发掘出的旧石器(如水洞沟遗址)、中石器(如青铜峡蒋顶乡鸽子山遗址)和新石器(如海原菜园村遗址)等文化遗址都很好地印证了黄河流域宁夏段是中华文明重要的发祥地之一。新石器时代以后,农耕文化成为宁夏区域黄河文化的主流和基础,最有说服力的就是宁夏平原的引黄灌溉工程,浇灌出一片片丰饶充盈的土地,"贺兰山下果园成,塞北江南旧有名"描绘的正是宁夏物美人丰的农耕盛况。今天,宁夏区域的黄河文化被赋予了新的历史使命,已然成为整个自治区高质量发展的领航者,意义非凡。

二、宁夏区域黄河文化与旅游融合发展的背景及意义

(一)发展背景

黄河及黄河文化馈赠了宁夏丰富的自然资源,宁夏超过五分之三的人口生活在沿黄经济带区域,近五分之四的粮食、超过五分之四的经济和几乎全部的财政收入也都产生于这一地带。2017 年宁夏引黄古灌区成功申遗享誉全球,文化旅游事业已成为“让我们去宁夏,给心灵放个假”的核心要义,创新黄河文化与旅游融合发展已构建起旅游事业新的高地。宁夏对黄河与黄河文化的深入挖掘,催生着黄河坛、黄河大峡谷、黄河古渡、黄河军事文化博览园等一大批颇具特色的旅游目的地迅速发展壮大。文旅融合发展在宁夏经济社会发展中已占据不可替代的地位。

黄河军事文化博览园 (田鸿亮 / 摄)

2018 年 3 月,国家组建成立文化和旅游部,标志着文旅融合发展在我国的现实发展方向被进一步明确,“用文化的理念发展旅游、用旅游的方式传播文化”的发展趋势将更加凸显。2016 年以来,习近平总书记两次考察宁夏,对宁夏和宁夏区域黄河文化寄予了厚望。宁夏承担着维护西北乃至全国生态安全的重要使命,要加强黄河保护、让母亲河永远健康,要努力建设黄河流域生态保护和高质量发展先行区。在黄河流域发展座谈会上,习近平总书记对保护、传承、弘扬黄河文化,系统保护黄河遗产,挖掘黄河文化提出了明确要求,目的是要“延续历史文脉,坚定文化自信”,这也为文旅融合发展指明了方向。文化和旅游部随即会同国家文物局以及黄河流域九省区文化和旅游部门共同研究编制

黄河文化保护传承弘扬总体与专项规划。

综上，宁夏对于新时代背景下黄河流域生态保护和高质量发展国家战略的实施具有重要作用。

（二）发展意义

随着生活水平和文化层次不断提高，传统的观光式旅游已满足不了大众对旅游的需求，人们想在旅游活动中更多地追求精神和文化层面的享受。事实上，文化和旅游本就密不可分，文化是旅游发展的灵魂，旅游是文化传播的载体，只有把文化与旅游紧密结合起来，旅游业才能突破发展瓶颈并保持新鲜活力，民族文化资源才能得到充分挖掘和有效保护利用，文化产业才会随之活跃起来并保持强劲态势，文化软实力就自然可以凭借旅游这一路径被有效推介和传播开。探求宁夏区域黄河文化与旅游深度融合发展，正是新时代保护和传承黄河文化根和魂的必然要求，同时也对保护黄河流域生态环境、建设黄河流域美丽乡村乃至发展宁夏全域旅游都具有积极的推动作用。黄河文化与旅游深度融合发展的时代意义重大。

三、宁夏区域黄河文化与旅游融合发展情况

（一）发展现状

近年来，宁夏为促进黄河文化与旅游融合发展，制定了《宁夏沿黄经济带发展规划》，启动了《宁夏境内黄河文化保护传承弘扬实施专项规划》编制工作。沿黄河修建了402公里的黄河金岸旅游景观大道和19座黄河大桥，把宁夏的旅游资源串联在了一起，高频次开展一系列黄河主题文化活动，连年举办沙坡头国际大漠黄河文化旅游节，在申遗期间启动万人签名仪式并举行了黄河拜水盛典实景演出，成功举办了8届宁夏境内黄河金岸（吴忠）国际马拉松赛，精心打造了中华黄河楼梦幻灯光秀，激情唱响了2019首届中国·银川黄河合唱节。《2019年宁夏旅游经济发展统计公报》（以下简称公报）显示，全年自治区A级

旅游景区(点)中,年接待量100万人次以上的有7个,其中与黄河文化有关景区4个;年接待量50万至100万人次的有12个,其中与黄河文化有关景区7个;年接待量30万至50万人次的有8个,其中与黄河文化有关景区6个。黄河文化在宁夏整个旅游业发展中已逐渐开始发挥重要作用。

(二)存在的不足

宁夏在推进黄河文化与旅游融合发展方面付出了许多努力,做了大量工作,但总体感觉融合发展的契合度还不够高,文旅融合的真正要义还未得到诠释,交通、配套、营销等发展相对落后也都间接阻碍着文旅融合发展。

一是交通组织架构完善不够。公报显示,2019年全区接待的国内游客中,选择私家车的人数最多占46.59%,依次是飞机占24.54%、火车占15.01%,长途汽车占12.38%,其他占1.48%,这与宁夏的交通组织架构不够完善有着密切关系。现阶段,宁夏有民用机场3座,分别位于银川市、中卫市和固原市,高铁线路一条,长途客运班线便利但较缺乏灵活性;区内交通主要依赖于城际巴士、公交、景区专线、出租车和私家车等,对于狭长地域的宁夏而言,区内旅游通行时间成本较大;景区内部交通状况也参差不齐,部分景区观景车老旧且运行效率低,乘坐体验感差。

二是景区建设质量水平不高。不少景区的景观设计、建筑风格、施工工艺等与发达地区的景区建设相比显得不够精细和新颖,追求旅游景观精雕细琢的精神欠佳,粗制滥造的景观时有显露,游客实际视觉体验感较差。

三是配套设施和人性化服务不足。像水洞沟、沙坡头等大型景区,大片区域裸露在自然环境中,炎热的夏季和恶劣天气到来时,游客常缺少遮蔽之处;不少景区内流动服务人员数量偏少,有些甚至根本没有,游客遇事无法及时寻求帮助;辅助设施支撑优化服务能力不足,多数景区设置饮食销售网点不规范,且不能实施统一的标准化管理。另外,部分景区通信基础设施建设不到位,有的还存在移动通信信号差或无信号的情况。

四是文旅融合氛围不浓、不深。政府及旅游企业仍偏重对古建筑、遗迹等历史形态方面的仿古式修复，在旅游的基本要素开发方面不能很好地与历史、民族文化以及地域特色文化进行有机结合，业态、生态、形态和文化之间融合不默契。据公报统计，排在2019年游客感兴趣的宁夏旅游资源首位的依然是山水风光，其次是特色餐饮，文物古迹、民俗民情和文化艺术等则表现平平。多数以观光为主的景区普遍存在一日游甚至半日游的尴尬现象，沉浸式体验项目偏少。进一步分析会发现，多数传统的观光式旅游目的地吸引力低，很难提高游客的重游兴趣，其抵抗风险能力自然也弱。比如2021年国内新冠肺炎疫情得到控制以后，许多人仍然对旅游持观望态度，这种情况下吸引力大、重游率高的景区受到的冲击相对较小，相反地，其余景区会因客流量长期锐减导致亏损严重甚至破产。

五是旅游市场营销力度不足。据公报显示，2019年到宁夏旅游的国内游客主要来自宁夏本地和西北地区其他省份，共计占比约68.65%，其次是华北地区占比约13.85%，其余华东、华中、西南、东北、华南等地区来宁夏旅游的游客稀少。从游客了解宁夏旅游信息渠道来看，通过互联网和亲戚朋友介绍的占绝大多数。以上情况从侧面反映出了政府和旅游企业的旅游营销力度欠缺，没能深度挖掘出最佳营销的旅游产品。

六是文旅产品吸引力不强。文旅产品创新能力较低，无法抢占市场先机，无论是旅游线路，还是旅游特色商品、纪念品，近些年来均无大的变化。旅游线路较为固定，游客重游率低；地域特色商品、纪念品种类较少，多年来都是主打“宁夏五宝”，而五宝产品的呈现方式虽然较以前有所转变，但仍吸引力弱，游客购买普遍不高。

四、新时期对宁夏区域黄河文化与旅游融合发展的建议

文化本身是抽象的、固化的，将其传播出去、传承下去是我们的历史使命和

责任担当。文物、遗产、遗迹、文化符号等都只是黄河文化的载体,仅以开展保护工作来保持载体的传承,是无法源源不断地促进文化延续和光大的。在此提出以下建议,以有效推进宁夏区域黄河文化和旅游在新时代得到深度融合与发展。

(一)高标准编制融合发展专项规划并有效实施

在国家编制总体规划的基础上,高标准编制宁夏区域黄河文化与旅游融合发展专项规划并实施,编制过程中邀请旅游学者、黄河文化研究学者和广大民众共商共议。专项规划中应包含对交通组织架构的完善,加快宁夏全境高铁建设并快速接入全国高铁运行网络,不断优化航班线路,打造最佳旅游营销目的地,抓住先行区发展契机积极向上争取快速交通如轻轨、地铁等的布局和建设。同时,还应大力发展建设旅游信息工程,并优化提升现有基础通信设施,打造宁夏旅游大数据中心及各市分中心,为发展智慧型文旅事业打好基础。

(二)处理好开发与保护的辩证关系

宁夏区域黄河文旅融合发展应始终坚持保护和开发相辅相成的理念,“优先保护”是文旅产业可持续发展的基础,“合理开发”是文旅实现融合发展的路径,倘若辩证关系被破坏,黄河文化特色也终将消亡。在保护的大前提下,运用开发措施更好地整合资源,通过深入挖掘黄河流域遗址、遗迹和古村落等的内涵,科学合理有序地开发文旅资源,不断打造旅游新产品,吸引更多游客向往,把黄河文化传播得更深更远更广。

(三)健全完善融合发展机制体制

由自治区政府主导需进一步健全完善相关机制体制,出台专门文件,倾斜优惠政策,将宁夏区域黄河文化与旅游融合发展和各级政府年度考核挂钩,实行文旅融合发展不力“一票否决制”,并对相关责任人进行追责;研究颁布文旅融合发展行业地方性规范,鼓励引导全民参与共创共建,加强市场监管力度,强制引导提供旅游产品和服务的各主体遵章守则,营造透明、好客、亲民的良好市场氛围。

(四)注重畅通区域间协同发展渠道

据统计显示,甘肃和内蒙古全省(区)2019 年接待国内外游客分别约为 3.7 亿人次和 1.95 亿人次,旅游业综合收入分别约为 2680 亿元和 4651.49 亿元。甘肃和内蒙古均毗邻宁夏,并且都是黄河流域的省(区),但宁夏 2019 年旅游经济对应指标(游客约 4011 万人次,实现旅游总收入约 340 亿元)与二者中任一方比较都显得微不足道。因此要寻求区域间协同发展,畅通与同饮黄河水的其他八个兄弟省区间深层次交流、合作的绿色通道,共同描绘中华黄河文化发展的宏伟蓝图。同时,要善于借鉴并转化优秀的发展理念和经验做法,把宁夏区域依托黄河文化发展起来的各景区资源进行优势整合, 筑起旅游目的地新长廊,延长游客旅游活动时间,集聚增加过夜游客人数,合力打造旅游产业链经济新的增长极。

(五)创新文旅融合发展方式方法

精心打造旅游文化演艺精品及其他文创产品,把抽象的文化主题化、情境化、体验化,提高游客重游的欲望和热情;打造"文旅 + 特色美食""文旅 + 传统艺术""文旅 + 红色文化""文旅 + 体育运动""文旅 +5G 智慧体验"等"文旅 +"发展新模式,稳固形成节庆旅游、研学旅游、红色旅游、康养旅游、工业旅游等多种旅游新形态,带给游客全方位多角度的感官享受,提升游客幸福感从而提高重游率,进而提升旅游目的地抗风险能力。此外,必须创新旅游营销模式,通过节庆日会展、自媒体平台曝光、热门电视剧展播、网络直播、线上景区门票促销等方式,加大对宁夏区域黄河文旅产品以及旅游目的地的宣传力度,突显区域文化旅游特色,指引游客旅游的目的和方向。

(六)着力培养精准的文旅人才

人才是旅游业保持长期稳定发展的不竭动力,要运用好人才是"第一生产力"的杠杆作用,精准引进和培养文旅融合发展领域人才。注重以提供优厚扶持政策适时引进高层次文旅人才的同时,兼顾整合利用宁夏大学、北方民族大学等教育优势、教学资源,推进高校与旅游企业、景区深度合作,定向培养专业型、实战型、复合型人才,为文旅融合持续发展储备中坚力量。

近距离触碰、感知和汲取文化,正是新时代人们对旅游的美好期望。通过文旅融合发展,将宁夏打造成具有国际影响力的黄河文化旅游长廊,既构建了黄河流域宁夏段生态保护的重要载体,也找到了满足当前宁夏文化旅游市场需求的突破口,同时还能支起保护、弘扬和传承宁夏区域黄河文化并推动黄河流域宁夏段高质量发展的强力跳板。

参考文献:

[1]安作璋,王克奇.黄河文化与中华文明[J].文史哲,1992(4).

[2]郭超丽.黄河题材电影初探[D].宜昌:三峡大学硕士论文,2018.

[3]李敏纳.黄河流域经济空间分异研究[D].河南大学博士论文,2009.

[4]韩秀.大力实施生态立市战略推进绿色发展先行——中卫市生态立市建设的实践与思考[J].农村经济与科技,2017,28(24).

[5]李增辉,王汉超,刘峰,等.努力建设黄河流域生态保护和高质量发展先行区——习近平总书记宁夏考察重要讲话引发热烈反响[N].人民日报,2020-06-12(01).

[6]沈啸.研究黄河文化保护传承弘扬[N].中国旅游报,2019-11-18(01).

[7]李玲.文化旅游产品开发的冷思考[J].社会科学家,2010,04(24).

(张沐晨,宁夏旅游学校讲师,主要从事旅游市场管理研究。王彦,连云港市国有土地储备中心连云分中心工程师,主要从事土地管理和利用研究。)

文旅融合背景下黄河文化的传承与发展

——以宁夏地区为例

◎ 胡一曼

摘　要:黄河文化是中华文明的重要组成部分。面对竞争激烈、文化相融的世界新局势,我们在机遇与挑战中坚定不移地走中国特色社会主义道路,继承与弘扬优秀传统文化,保护与发展黄河文化,也成了我们的肩头重任。在文旅融合的背景下,研究黄河的文化资源和时代价值,可助力宁夏旅游新发展,从而推动黄河文化(以宁夏地区为例)的传承与发展。

关键词:黄河文化;发展现状;文旅融合;传承

作为中华民族的母亲河,黄河用她那汹涌澎湃的豪迈气势、坦荡的气魄书写了属于中华儿女的文明,凝聚了中华民族的根和魂!2019年9月,习近平总书记在黄河流域生态保护和高质量发展座谈会上发表重要讲话:“要推进黄河文化遗产的系统保护,守好老祖宗留给我们的宝贵遗产。要深入挖掘黄河文化蕴含的时代价值,讲好“黄河故事”,延续历史文脉,坚定文化自信,实现中华民族伟大复兴的中国梦凝聚精神力量!”面对竞争激烈、文化相融的世界新局势,我们在机遇与挑战中坚定不移地走中国特色社会主义道路,继承与弘扬优秀传统文化,保护与发展黄河文化,也成了我们的肩头重任。

一、黄河的文化资源及时代价值

在黄河哺育的土地上,播种政治、经济、文化、艺术的种子,经年累月,发展成独属于黄河流域的生活方式、社会制度、道德规范……黄河文化是一个内涵丰富的概念,它是黄河流经地区人民的生活方式、地方风俗、审美认知、人文修养等多方面文化内涵的总称。黄河文化将黄河沿岸各族人民紧紧联系在一起,形成了丰富的文化资源,并具有现实意义的时代价值。

(一)黄河的文化资源——以宁夏地区为例

1. 历史文化资源

中华文明起源于黄河,早在远古时代黄河沿岸就有了人类活动与生存的踪迹, 这些经考古发现的遗迹成为黄河文化发源的标志。宁夏地处黄河北部,在灵武水洞沟文化遗址发现的古生物群化石是我国最早挖掘的旧石器时代文化遗址之一。在远古生物活动遗迹发现之后,宁夏地区的西夏农耕文化与游牧文化也得以证实,两种文化的高度融合,彰显了宁夏地域特色。

2. 生态文化资源

黄河流域是我国重要的生态屏障。在宁夏地区黄河文化的发展中,生态文化成为人们最关注的文化之一。黄河水灌溉了宁夏的土地,养育了宁夏的各族儿女,宁夏的黄河生态文化以人与自然和谐共生为核心,大力、高效发展生态建设新道路,建设以“绿色”为前提的沿黄经济带,在共创共建共享中推进宁夏绿色发展。

3. 旅游文化资源

九曲黄河,蜿蜒奔腾,像是一条璀璨的玉带,从中卫市南长滩进入宁夏,不舍昼夜地奔流到石嘴山市麻黄沟流出宁夏。黄河流经宁夏长达397公里,为宁夏滋养了万亩沃土,培育了悠久的历史文化,更是守护着这片土地的生态环境。

无论从哪个角度来说,黄河都是宁夏文明的代名词,宁夏城市发展进步的灵魂。黄河宁夏段具有丰富独特的旅游文化资源,宁夏以黄河为主题开发了一系列富有宁夏地域特点的旅游线路,精心打造了蕴含黄河文化特色与价值的旅游产品,积极推进黄河文化与绿色旅游相融合的全域旅游新模式。宁夏丰富的旅游资源也阐释了宁夏的地域特色文化。

(二)黄河文化蕴含的时代价值

黄河文化像一颗夺目的明珠镶嵌在神州大地上,黄河水奔腾不息,孕育了千年的中华文明。

1. 文化多元一体的价值

黄河在流经过程中形成了河湟文化、秦陇文化、河套文化、关中文化等不同地域、不同民族的文化,这些代表着中华民族悠久历史和深厚底蕴的文化在中华大地上熠熠生辉。受地形和经济发展差异影响,这些各具特色的区域文化谱写着中华文明以黄河文化为中心,多元发展、共同进步的发展篇章,更为中华民族文化多样性留下了浓墨重彩的一笔。

2. 精神力量的价值

黄河流域是民族文化的大熔炉,使中华文明形成了兼容并包的气质,孕育了共同的文化心理,并夯实了儒家文化根基,从而影响着多民族的发展共存。此外,在治理黄河、抵抗水旱灾难、抵御外来侵略的过程中,中华民族形成了不屈不挠的毅力,凝结出深厚的家国文化、奉献精神,以及“社会主义是干出来”的时代精神。

3. 生态文明建设的价值

黄河的保护和治理关系到中华民族的伟大复兴及安民兴邦的百年大计,绿水青山就是金山银山,黄河文化为生态建设提供了文化基础与指导思想,体现着“天人合一”的价值理念,体现了人与自然和谐相处。黄河文化的传承与发展需要生态建设保驾护航,生态的绿色健康发展更离不开黄河文化科学发展的认知和指导。

4.“一带一路”倡议下的文化价值

“一带一路”倡议为黄河流域带来了多样性的文化。黄河具有“海纳百川”的气势,黄河流域覆盖将近18个民族,各民族特色的文化百花齐放,这也使得黄河文明更具有文化包容性。黄河文化将各民族文化融会贯通,并且在流经过程中把不同文化传播到各地,为中华民族文化多样性贡献了力量。同时也体现了黄河文化在传承与发展中开放包容的气质。

二、文旅融合发展背景下宁夏地区旅游业发展现状

(一)黄河宁夏段的文化旅游发展现状

黄河文化在推动宁夏社会进步、融合多元文化等方面发挥了不可替代的作用。宁夏沿河地区形成了得天独厚的黄河金岸,风光秀丽的黄河金岸承载了悠远的历史与厚重的民族文化,成为了宁夏重要的旅游资源。近年来,宁夏文化旅游部门依托沿黄地区丰富的文化旅游资源,大力挖掘文化内涵,积极推动文旅融合,开发了沿黄地区旅游带,助力宁夏经济发展。

黄河流经宁夏中部和北部,为宁夏带来了丰富的资源。沿黄地区耕地较多,阡陌纵横、风光旖旎,为打造“塞上江南”极具特色的文化旅游产业创造了条件。宁夏加快文旅发展的步伐,结合自身特点,在黄河金岸旅游产业的发展中取得了不小的成就。第一,落成了一批具有标志性、地方性、可观赏性的建筑物。这些年黄河沿岸的建设向着多元化发展,沿黄地区具有代表性的工程、富有传统特色的度假小镇等相继完工。精心打造了一批有历史意义的文化景区。银川之外的地市也依据自身特点积极开发文旅产品,中卫黄河湿地公园、灵武枣博园、中宁枸杞博物馆等成为宁夏旅游业的生力军。第二,基础服务设施进一步完善,交通更加便利。宁夏近年来重视城市基础设施建设,为游客提供了良好的出行感受。新建成的机场线、火车站，方便了出行，宁夏高铁的建成更是为加强各省的交流创造了条件。第三，生态效益逐步显现。对沿黄地区的自然景观进行保护，文旅发展的同时继续生态平衡的保持，增加万亩绿地、万亩土地，为沿黄地区文旅产业可持续发展提供了环境支持。第四，富有地域民族特色的文化旅游节庆活动成功举办。文旅活动的成功举办大大增加了宁夏在国内外的知名度，提升了宁夏文化旅游的对外影响力。

黄河湿地公园 （田鸿亮 / 摄）

银川阅海公园 （田鸿亮 / 摄）

(二)制约宁夏沿黄文化旅游业发展的因素

宁夏地理位置偏远,经济不发达,旅游业起步较晚、发展较慢、系统性不强。制约因素表现在以下几方面:一是在文旅融合发展方面的布局还不够系统、科学,旅游产品形式比较单一;二是旅游资源开发中传承保护意识不够,没有形成规范的开发和保护工作标准;三是文化旅游产品开发创意不足,文化认知不够,内涵挖掘不深,工艺品、艺术作品、歌舞表演等转化为文化产品的创新能力有限,缺少精品;四是缺少从事宣传、管理、规划等方面的旅游专业人员;五是缺乏资金,融资不当制约了文化旅游业的发展。

三、文旅融合助力黄河文化传承与发展

从文旅融合入手,打造黄河文化旅游带,有助于在保护生态环境的基础上,萃取其经济价值,将绿水青山转化为金山银山。同时,这也有助于更好地继承与发扬黄河文化,通过更多创新的旅游方式提高大众对中华文明的认同感。黄河文化如同一个典藏丰富的博物馆,我们可以在不断地建设与完善的过程中,将其以更好的面貌展示给大众,把不朽的黄河精神、有趣的黄河故事,在旅游的亲身体验中不断输出。

(一)把握文化传承发展与旅游开发之间的正确关系

1. 旧址改造尽量保持原有风貌

在旅游资源开发过程中,需要对一些历史古迹、文化遗址进行改造和再开发,这时要注意正确处理文化传承与旅游开发之间的关系,不能为了追求经济效益盲目改造,既要维持原有的风貌特色,又要满足消费者需求,避免文化遗产过度商业化,使其失去历史文化内涵与价值。

2. 从个体保护形成整体保护

在对黄河文化的传承与发展中,不能只局限于文化遗产个体,在对本身价值开发的同时,也要推进对周边环境的整体开发,只注重个体而忽视整体会对

文化旅游业发展造成不利影响。

(二)加强顶层设计,传播时代价值

通过文旅融合,大力挖掘和保护黄河文化的时代价值,这是黄河文化旅游发展的意义所在。宁夏黄河沿河地区蕴含着历史悠久的传统文化与西夏地域特色文化,在文旅融合的背景下,通过对其文化价值的认知与构建,与文化旅游体验的过程相融合,以旅游项目的传播反向促进黄河文化的传承与发展。加强顶层设计与管理,完善制度,优化服务水平,积极推进营销宣传,扩大营销范围,开发一些具有标志性和文化主题突出的文化旅游产品和文化旅游线路,挖掘其文化内涵,凝聚其文化特色,发扬其时代价值,使得体验者能够对文化看得到、听得到、感受得到,打造宁夏黄河文化旅游新名片。

(三)加强主体创新,打造文化品牌

“质量是海,品牌是帆”,要扩大宁夏旅游业品牌的影响力,就必须用科学、系统、创新的发展管理理念对黄河文化资源进行整合,在此基础上对旅游产品的开发进行科学的再加工,以提升宁夏旅游产品的质量。在全面把控质量的同时可以先培养一批重点文化旅游项目, 围绕这些重点项目结合传统与现代、文化与旅游,创建宁夏黄河流域富有特色的文旅品牌,提升宁夏旅游的美誉度与知名度。发展文旅融合的信息数据平台,在宁夏黄河文化旅游品牌的开发上实现统筹规划,充分发挥新闻、媒体、自媒体的作用,营造出传承保护黄河文化的浓厚氛围,推进沿黄地区文化旅游带建设,提升核心竞争力。

(四)开发相关产品,重视体验式旅游

近年来,旅游项目能否成功营销、能否得到消费者的青睐,关键是看能否满足消费者的旅游体验需求。体验式旅游已成为旅游市场新的竞争手段。因此,在消费者体验式旅游过程中,积极弘扬传统文化,讲好黄河故事,可以运用科技手段,开发相关产品,通过科学技术给予消费者良好的体验,拉近消费者与旅游产品的距离，消除消费者与历史的陌生感，建立消费者对传统文化的新认知。可以引入VR、人工智能等技术,开发相关的如5D宣传电影、情景式小剧场、寓教于乐的科技游戏等旅游产品,增加与体验者的互动,增加文旅产品的生动性和趣味性,从而提升文旅产品的品质。

(五)加强协作,在黄河文化传承与发展方面实现多元化

开发黄河文旅,需加强各部门之间的团结协作,要建立黄河文化资源数据库,使用科技手段推进黄河文化的深入挖掘和文旅融合。在宁夏旅游管理部门可设立综合性的管理机构,对区域内文化旅游资源进行综合性的协调管理与服务,建立可以跨区域跨部门统筹合作共同参与的文化旅游管理制度。把散落分布在沿黄区域的各个景点用具有传统文化内涵的“故事”连接起来,打造由点到线再到面的文旅线路,推进一系列有特色、有差异的精品文旅线路,如吴忠的美食文化,黄河横城、黄河宫湿地公园的生态文化,沿河地区旅游度假村的观光休闲人文景观,可以将这些具有特色的文化旅游资源进行统筹开发,打造成一条文化旅游线路,满足消费者观赏、体验、学习、玩乐、休闲的多样化旅游需求。结合宁夏黄河文化一脉相承和民族文化多姿多彩的特点,将宁夏歌舞融入旅游体验中，通过增加民俗表演提升游客的融入度和体验度。在保护生态的前提下,推进建设具有地方特色的小吃街、餐厅、手工艺品作坊、茶楼、歌舞表演会所等场所,促进文旅多元化发展,实现文化和旅游共同繁荣。

宁夏在黄河文化的孕育下,有着丰富的文化底蕴和巨大的旅游业发展潜力,即使发展过程中存在着一些问题,也会努力克服弊端,不断进步,坚定不移地深入研究黄河文化的时代价值,坚定文化自信,从而更好地传承、发展黄河文化!

参考文献：

[1]彭岚嘉，王兴文. 黄河文化的脉络结构和开发利用——以甘肃黄河文化开发为例[J]. 甘肃行政学院学报，2014(2).

[2]薛正昌. 宁夏境内丝绸之路文化研究[M]. 兰州：甘肃教育出版社，2013.

[3]宋灵燕. 济南打造黄河文化生态旅游带研究[J]. 济南职业学院学报，2018(02).

[4]徐光春. 黄帝文化与黄河文化[J]. 中华文化论坛，2016(07).

[5]王玥. 黄河流域陕西段古村落文化的保护与发展[J]. 西安建筑科技大学学报，2016.

[6]王明星. 文化旅游：经营·体验·方式[M]. 天津：南开大学出版社，2008.

[7]宋振春，李秋. 文化旅游产业与城市发展研究[M]. 北京：经济管理出版社，2012.

（胡一曼，北方民族大学音乐舞蹈学院副教授。）

黄河文化与文旅融合研究

——以宁夏为例

◎ 董晓婷

摘　要:黄河自古以来就以其坚韧不拔的雄壮气势为中华民族刻画出自强不息的民族品格,同时也是中华民族发展的重要组成,是中华民族的根和魂。其中,宁夏有着古老而悠久的黄河文明,三万年前,这里便有了人类繁衍生息的痕迹。宁夏北部更因其特殊的地理环境,早在秦汉时期就已经利用黄河水进行自流引灌、屯垦塞上,距今已有长达2000多年的历史。其优势主要表现在经济发展的独特性、生态环境的适应性,对中国北方形成农耕文化、民族融合等方面具有重要意义。因此,应高度重视对黄河流域生态的保护,全面落实方针策略,推动黄河文化传承保护及旅游产业的高质量发展。

关键词:黄河流域;文化产业;旅游产业

一、宁夏境内黄河文化旅游产业发展现状

黄河途经之地——宁夏,农作物品质优良,农业地势优越,阡陌纵横、景色宜人。清代时,宁夏平原作为农田水利建设的重要地区,先后新建了大清渠和惠农渠,与原有唐徕渠、汉延渠合称“四大渠”。清末,宁夏境内有引黄灌溉渠道

23 条，灌地 21000 顷，构成了近代宁夏平原发达的水利网络。引黄灌溉的水利工程将宁夏从根本上孕育成为“塞上江南”，留下了丰厚的水利遗产，成为名副其实的地面“黄河水利博物馆”。

文化是旅游的灵魂，旅游是文化的载体。那些与黄河息息相关的人类活动，千百年来逐步形成了丰富多样、内涵丰厚的文化遗产，并为当今黄河岸边的人文景观提供了有力支撑，带动了文化旅游产业。近年来，宁夏以创建全域旅游示范区为抓手，以文旅融合发展为主线，遵循“宜融则融、能融尽融，以文促旅、以旅彰文”的原则，围绕“六盘山上”“贺兰山下”“黄河两岸”“长城内外”文化旅游产品体系，精心做好“旅游 +”和“+ 旅游”两篇文章，着力打造出了一批特色鲜明、体验性强的民宿集群、自驾营地、星空营地等文化旅游新业态项目，且出台了一系列文化旅游业的扶持政策，全面推动文化旅游产业的发展，对推进黄河流域文化保护传承以及旅游资源的开发具有重要意义。

贺兰山古长城 （田鸿亮 / 摄）

二、宁夏境内黄河文化旅游产业瓶颈问题分析

如今,宁夏境内黄河文化旅游产业发展不断壮大,但与我国经济发达地区对比,差距仍然较大,其问题主要表现在四个方面。

(一)文化旅游产业在开发过程中规划较差,不够科学

因宁夏文旅产业基础参差不齐,文旅产业项目在开发过程中没有进行系统性、整体性的规划布局和精细化打造,不能聚焦自身资源优势和文化特色,无法在文化旅游市场上展现独特性、创新性、引领性,造成了一定程度的重复建设和资源浪费,导致项目概念模糊、企业运营成本较大、游客总量不足等问题。

(二)对文化旅游产业的发展意义研究不足,文化旅游产品研发内涵不深

目前,普遍存在的问题是对文化旅游产业的发展意义研究不足,文化旅游产品研发没有创意,研发出的文化旅游产品所展示出的黄河文化内涵较浅,缺乏创新意识,高科技元素应用较少,文化品位有待提升,市场竞争力、影响力都相对较差,对产业的带动力有限。

(三)文化旅游专业人才匮乏

文化旅游产业发展需要专业技术人才及复合型运营人才,这些人才是文旅产业做强、做专的重要基础。受经济、地域、信息交流等方面影响,宁夏文化旅游产业发展可用的专业人才不足,未配备完善的行业急需人才和优质团队引进使用机制,致使产业发展缺乏专业的规划、管理以及营销等人才。

(四)资金投入保障机制不健全

旅游是大产业,需要大投入。要实现文化旅游产业大发展,必须建立和形成政府、企业、社会及招商引资等多元化的投入机制,但目前尚未形成合力。由于地方财政实际情况不允许,缺少政策性资金,且投资、融资机制均未能够很好地适应地方文化旅游产业的开发需求,吸引社会资本投入较难,导致产业发展资金短缺,缺乏开发原动力。

(五)宣传推介工作不够

在使用大数据、大流量推广宣传的今天,文旅产业对发展目标定位不明确,极易导致宣传推广文化旅游产业项目时发生宣传不到位、印象不深刻、活动策划笼统、包装层次低等问题。未能及时根据不同态势有针对性地相关准备和前置的宣传推广工作。

三、宁夏境内黄河文化旅游产业发展优化路径研究

(一)深化旅游资源文化内涵,打造特色文化创意品牌

黄河的滋养为宁夏带来了丰富的文化资源和自然资源,例如南磁湾恐龙化石群遗址、水洞沟遗址、鸽子山遗址等远古文化遗产。在历史发展进程中形成了灿烂辉煌的黄河古灌区文化和农耕文化、相互融合的宗教形态、风格多样的古老建筑等丰富的黄河文化遗产。当前,宁夏境内共有 3000 多处不可移动文化遗产,人均占有率全国领先。非物质文化遗产总共收录 2968 项,承载着宁夏世代相传、源远流长的独特文化精神,给中华文明及黄河文化增添了新的色彩。

1. 民俗文化

在泱泱的历史长河中,宁夏逐渐形成了具有独特性的文化表达,尤其是宁夏北部依托于黄河文化,其民俗文化更呈现出了显著特征,如“花儿”“口弦”等。此外,在建筑方面,这里既有受外来文化与中原文化深刻影响的官方建筑,又有具有受多种文化影响的宗教建筑,整体表现出了多元化的建筑风格。如董府、银川鼓楼、中卫鼓楼、南门楼等古建筑具有浓郁的中原文化色彩,平罗玉皇阁是宁夏规模最大的道教古建筑群体,武当庙则是儒、释、道三教合一,须弥山石窟是北朝、隋唐时期的大型石窟艺术造像,是中国十大石窟之一。此外,宁夏境内体系最健全、规模最宏大的文化遗产——长城遗址,从战国开始,经过历朝历代的不断修筑,总长度达 1500 公里。现如今,其遗迹遍布宁夏 5 市 19 个县(市、区),现存墙体 1038 公里,附属设施 1225 个,素有“中国长城博物馆”之称,是边

塞文化的重要体现。

2. 农耕文化

宁夏境内的黄河北部河东灌区,早在秦汉时期就已利用黄河水灌溉,先后修筑了秦渠、汉渠、汉延渠、唐徕渠、昊王渠、惠农渠等沟渠。其中,秦渠、汉渠分布在青铜峡市、利通区和灵武市,是宁夏黄河东岸主要古老灌渠,而汉延渠作为宁夏引黄古灌区重要渠系之一,流经一市两县一区(青铜峡市、永宁县、兴庆区、贺兰县),现长 88.6 公里,灌地 50 多万亩。昊王渠乃西夏时为解决贺兰山东麓沿山荒地的灌溉而沿山挖渠,流经银川市永宁县、西夏区、贺兰县和石嘴山市平罗县,南北长达 150 余公里。惠农渠始凿于清代雍正年间,现长 131 公里,灌地 75 万亩。古代灌溉沟渠现已成为宁夏沿黄地区农耕文化历史的标志性符号,见证了宁夏引黄古灌区完善且独特的工程技术,具有深厚的历史底蕴和丰富的水利文化内涵,使宁夏逐渐呈现出了农牧业发达、湖泊众多、湿地连片的优美风光,被誉为“塞上江南”。同时,也为宁夏枸杞的生长提供了优良的条件。宁夏枸杞自明朝就被作为皇家贡品,至今已经历了 600 年的发展,中宁作为正宗的枸杞发源地、原产地,更是为宁夏枸杞创意文化的发展提供了得天独厚的条件。

3. 黄河文化

因宁夏与黄河有着深厚的历史渊源,随着时代的发展,宁夏逐渐形成了典型的黄河文化,其中黄河文化古迹代表有古长城遗址、旧石器时代水洞沟文化遗址等。近年来,宁夏通过对长征国家文化公园(宁夏段)、长城国家文化公园(宁夏段)的建设,对六盘山地区红色文化旅游区以及贺兰山东麓自然生态、历史文化、人文景观、葡萄酒产业等资源的不断发掘、整合、优化,贯彻落实系统保护黄河文化遗产的精神,大力传承和弘扬黄河文化,发扬民族精神,使遗留下来的文物、遗址活灵活现,并在此基础上不断进行创新、创意、转化、教学、展示,使之与旅游融为一体。

西夏陵 （田鸿亮 / 摄）

沙湖一景 （田鸿亮 / 摄）

同时，银川黄河湿地公园、灵武黄河书院、平罗黄河主题公园、青铜峡黄河大峡谷旅游区、余桥黄河新村等项目均具有浓重的黄河文化气息。秉承以人为本的理念，并以黄河主题公园的开发建设为前提，从镇北堡西部影城文化产业开发到沿黄城市带的规划与建设，使宁夏境内的黄河文化从过去的单一文化品牌的建设过渡到了综合性的全面建设。目前，镇北堡西部影城、宁夏川民俗园、贺兰山岩画、西夏陵、水洞沟、沙湖、黄沙古渡等项目已经成为宁夏境内黄河文化的代表。

（二）完善宁夏境内黄河旅游带建设，大力提升服务体验度

多年来，宁夏持续大力推进文化旅游融合发展，以黄河赋予宁夏的文化遗产为依托，全面提升全域旅游发展质量，坚持创造带有宁夏特色的高质量文旅产业。在文旅融合的高速发展进程中，我们更应该重视空间规划，以保护生态文明为前提，促进文化与旅游协调发展的同时，积极推动黄河文化与生态旅游项目的融合发展。如水洞沟、沙坡头两家5A级景区和黄沙古渡、黄河大峡谷、中华黄河坛、黄河横城、黄河军事文化博览园、中华黄河楼等4A级景区及黄河外滩旅游景区等多家3A级景区，又如滨河大道一线自中卫出发，顺黄河北上至石嘴山市惠农区，在500公里的滨河大道沿线，成功打造出黄河沿岸的人文景观，沿线可见河湖呼应、草木对吟，绿不断线、景不断链的优美景色。上述皆是以黄河两岸的文化旅游资源为开发起点,全力打造出的集观光旅游和休闲旅游于一体的文化旅游产业。

积极利用当前较为先进的网络信息技术,拓展发展空间,增强执行效率,开展在线订票、智能酒店、智能景区、智能旅游等软件技术的开发应用也是促进文旅融合高速发展的有效途径。不断完善和拓展宁夏旅游 APP 软件,全面提升宁夏智慧文化旅游公共服务平台,可为宁夏建设全域旅游大数据可视化中心旅游项目提供有力支持。运用科技手段将宁夏境内的黄河文化旅游产业全面推进,持续优化文化产业,大力开发旅游体验项目,让每一位来宁夏旅游的游客都能感受到满意、幸福、值得。

(三)深挖黄河文化资源,加快推进宁夏文旅产业高质量发展

加快推进宁夏文旅产业高质量发展,离不开社会、群众关注、宣传推介宁夏,这就需要充分展示宁夏的新成就、新形象,从而让更多人了解宁夏、走进宁夏。要进一步通过多种载体、多种方式方法,深挖宁夏文化资源,讲好宁夏故事,传递宁夏声音;要引领自媒体,丰富自身文旅产业内容,增强感召力,不断提升新闻媒体宣传报道的深度和广度,向百姓讲述好宁夏背后的故事。

除此之外,对于文博、演艺娱乐以及工艺美术等行业的建设同样要进行不断发展。一要积极推动文博行业博物馆联盟办馆,支持其“走出去、引进来”,进行精品文物展览交流合作,大力展示宁夏境内黄河沿线文物的艺术魅力、文化内涵以及精彩的宁夏故事。二要不断提升文旅娱乐消费产品的质量,打造精彩的文旅消费项目,推陈出新,优化传统文化艺术,如坐唱、花儿等能够体现出宁夏区域特色的文娱活动,发掘深层次、多形式的文化消费市场。三要积极构建网络娱乐服务平台,增大宁夏特色精品剧目、精品演艺的受众面。四要针对宁夏的工艺美术加大鼓励职业教育和师徒传承的力度,通过社会培训、校园专业教育,提升传统工艺美术的艺术深度与文化传承。五要发展剪纸、刺绣、砖雕、泥塑、烫画等传统非遗工艺，通过新颖的形式使其能够发扬光大。六要注重文化旅游产业人才的培养，在各大院校中建立文化旅游相关专业，以此教育培养出高水准的复合型文化旅游人才。

黄河文化博大精深，文化旅游产业对黄河流域的影响是很深远的。黄河文化旅游产业的开发和可利用的期限较长，遇到的难题和挑战颇多，但发展潜力却是不可估量的。因此，为不断推进宁夏境内黄河文化旅游产业发展，需持续增强其竞争力和影响力，将区域文化实力全面有效提升，争取构建一个文化与经济效益、社会效益等多方面融合发展的新思路。

参考文献：

[1]江凌. 推动黄河文化在新时代发扬光大[J]. 治黄科技信息，2020(03).

[2]盛佃清. 采取措施　持续发力　全面提升保护传承弘扬黄河文化水平[J]. 前进，2020(04).

[3]佟成元，乔少辉. 抓好黄河流域文化传承保护　带动文化旅游业高质量发展[J]. 北方经济，2019(10).

（董晓婷，上海师范大学硕士研究生，研究方向为乡村旅游、旅游目的地管理与开发。）

黄河文化宁夏段旅游发展浅析

◎ 高 硕

摘 要:黄河文化作为中华民族的根和魂,是中华文明不可或缺的一部分。旅游是文化的载体,发展黄河文化旅游有利于黄河文化的传承与弘扬。宁夏拥有的黄河文化旅游资源不仅丰富且独具特色,发展黄河文化旅游是宁夏建成全域旅游示范区的重要一环。本文在对黄河文化旅游内涵阐述的基础上,分析了黄河文化宁夏段旅游发展的意义,通过梳理宁夏所拥有的黄河文化旅游资源,对黄河文化宁夏段旅游发展进行了 SWOT 分析,最后对黄河文化宁夏段旅游发展提出了建议,以促进黄河文化宁夏段旅游的发展。

关键词:黄河文化;宁夏段旅游;SWOT 分析;发展建议

近年来,依托特色的黄河资源,沿黄各省市都致力于黄河文化旅游的发展,积极打造黄河文化精品旅游带,促使黄河文化旅游的发展上升到了新的高度。宁夏地处黄河中上游,在黄河的哺育之下,有了“天下黄河富宁夏”的美誉。依托丰富的黄河文化资源,宁夏大力发展黄河文化旅游,积极打造沙坡头、青铜峡黄河大峡谷等旅游景区;开拓了以黄河文化为主题的研学旅游、乡村旅游等旅游形式;举办了黄河文化旅游节、黄河金岸(吴忠)国际马拉松等黄河主题活动;重点打造了黄河金岸精品旅游带,沿黄河修建的长达 402 公里的黄河金岸,成为了旅游的黄金线路,备受旅游者的青睐。

开展黄河文化旅游,是宁夏全域旅游发展的一个重要环节,对宁夏经济社会的发展有着重大的意义。首先,发展黄河文化旅游能够促进宁夏的经济发展、优化产业结构、缓解当地的就业压力。其次,有助于为宁夏的文化旅游发展注入新活力,突出地方特色,与红色旅游、沙漠旅游、边塞旅游等一同丰富宁夏的旅游发展模式,使宁夏的全域旅游发展独具特色。近年来,宁夏也与周围沿黄省市协同发展,以进一步加强文旅企业、市场、客源地间的交流。但是目前来说,黄河文化宁夏段旅游的整体发展还不是很完善,仍存在整体结构优化不足、品牌营销力度不够等问题。因此,我们还需要对黄河文化宁夏段旅游的发展进行更深入的研究。

一、黄河文化旅游的内涵

(一)黄河文化及黄河文化旅游的含义

1. 黄河文化

从广义上讲,黄河文化是指中华民族及其黄河流域广大劳动人民在黄河水事及其相关实践活动中创造的全部物质财富和精神财富的总和。从狭义上讲,黄河文化是指黄河流域广大劳动人民及其黄河水利工作者所具有的精神诉求、价值取向、基本理念以及行为方式的综合,主要包括精神、理念、价值观、制度等文化现象。

2. 黄河文化旅游

主要是以依托黄河所形成的自然景观以及人们在实践活动过程中创造的人文景观为载体,以其所承载的历史文化、价值取向和精神文明为内涵,组织接待旅游者开展参观游览、学习研究的主题性文化旅游活动。

(二)黄河文化旅游的功能

1. 黄河文化旅游具有社会教育的功能

黄河文化旅游是一种新型的旅游形式,在黄河文化旅游的过程中,除基本的观光游览之外,更重要的是能够带给人们黄河文化精神的教育学习。黄河流域是中华民族从古至今最主要的政治、经济、文化活动中心,蕴含的精神财富和所形成的价值取向对国民的社会教育有着不可替代的作用。

2. 黄河文化旅游具有促进生态、经济发展的功能

在当前人地关系矛盾愈演愈烈的情况下,要想永续发展,生态文明的建设至关重要,黄河文化中蕴含着的智慧和经验,能够为生态文明建设提供独有的借鉴,而发展黄河文化旅游有助于人们从新的角度去谋求人地关系和谐发展。同时,发展黄河文化旅游,能够推动沿黄地区的经济发展,保障基础设施建设,优化产业结构,提高沿黄地区的就业率,并提升地区的旅游形象和知名度。

3. 黄河文化旅游具有增强民族自信的功能

黄河文明经久不息,在世界文明发展的长河中从未消失与中断,拥有顽强的生命力和巨大的创造力,对世界历史的发展有着极强的影响力。通过发展黄河文化旅游,利用新的模式去保护和弘扬黄河文化,能够在精神层面增强人民的民族认同感,有利于促进民族团结、增强民族文化自信,为中华民族实现伟大复兴提供精神力量。

二、黄河文化宁夏段旅游发展的意义

(一)有利于沿黄旅游带资源整合

宁夏沿黄旅游带旅游资源丰富,种类繁多。自然旅游资源有著名的黄沙古渡、沙坡头、沙湖等,人文旅游资源有黄河文化、沙漠文化、红色文化等。虽然资源种类丰富,但是缺乏有效的整合,存在着产品种类重叠,资源开发无序,旅游商品大同小异等问题。因此,发展黄河文化旅游,可以有效整合沿黄旅游资源,打造宁夏沿黄旅游景观带,将各相关产业资源要素进行整合与融合,将沿线景点整合成线,从而形成具有鲜明特色和核心竞争力的旅游发展带,促使全域旅游进一步发展。

(二)有利于提升宁夏的知名度和对外影响力

宁夏在发展黄河文化旅游的过程中,以建设沿黄旅游精品带并举办各类黄河文化旅游节等方式打造黄河文化旅游品牌,把黄河文化旅游作为全域旅游建设的特色部分,积极参与沿黄省市旅游发展合作。这些都是宁夏向外界传播声音、展示形象的有力抓手,能够起到进一步提升宁夏对外影响力和知名度的作用,加强宁夏文化旅游的综合竞争力,推动宁夏的文化旅游合作交往,开拓全方位、多层次、宽领域的新格局,吸引更多的海内外游客来宁旅游。

(三)有利于推动文化建设,突出地方特色

旅游是文化的载体。宁夏的黄河文化、红色文化、边塞文化等特色文化在黄河沿线紧紧地交汇融合,形成了别具一格的宁夏地方特色文化。对黄河文化旅游发展的过程,同时也是对黄河文化宁夏段抢救、传承和弘扬的过程。大力发展黄河文化旅游,有助于创新文化形态、丰富文化内涵、加速文化繁荣,有助于加强宁夏特色文化产业建设,促进文化生产力发展,增强宁夏的文化软实力,并进一步提高综合竞争力。

(四)有利于培育新的旅游产业,带动经济增长

宁夏的沿黄经济区,面积占全区总面积的43%,人口占全区的61%,创造的生产总值占全区的90%以上,是宁夏经济发展的重要增长极。大力发展黄河文化宁夏段旅游,可以使宁夏旅游业产品结构得到进一步调整和改善,开拓更加庞大的消费市场,完善宁夏旅游产业发展模式,实现沿黄旅游发展带发展理念,可以满足人们日益增长的新消费理念,丰富人们的文化需求和内在的精神需求,成为宁夏发展旅游产业新的增长点。

三、黄河文化宁夏段旅游发展SWOT分析

(一)黄河文化宁夏段旅游资源概况

宁夏有着丰富的黄河文化旅游资源,其底蕴深厚、种类齐全,包括物质文化

资源和非物质文化资源。其中物质文化资源有青铜峡中华黄河楼、中华黄河坛景区、沙坡头、黄河外滩、羊皮筏子以及水车等极具开发价值的旅游资源;非物质文化资源包括人们在依靠黄河生活过程中所形成的价值观以及有关黄河文化的诗词和文学作品等,对于游客具有极高的学习教育意义。黄河文化宁夏段的资源在地域分布上比较集中,主要依托引黄灌溉区,在黄河两岸的银川市、吴忠市、中卫市以及石嘴山市四个地级市集中分布,其中宁夏沿黄带核心区域吴忠市,旅游资源丰富,近年来着重打造了“黄河金岸·水韵吴忠”的旅游品牌,吸引了大量游客前来参观游览。

(二)黄河文化宁夏段旅游发展 SWOT 分析

1. 黄河文化宁夏段旅游发展的优势

(1)丰富的黄河文化旅游资源。黄河流经宁夏 397 公里,独具特色且深厚的黄河文化在这里形成,并孕育了丰富的黄河文化旅游资源。中卫南长滩村是黄

引黄灌区唐正闸 (李鹏/摄)

河从宁夏流入的第一村，被评为“美丽中国”十佳旅游村（镇）；黄河从沙坡头穿越而过，于是便有了“大漠孤烟直，长河落日圆”的绝美景观。除此之外，还有北长滩、黄河大峡谷、中华黄河坛、黄沙古渡等丰富的黄河文化旅游资源。

（2）区位优势明显。宁夏的黄河文化旅游资源主要集中在银川市、吴忠市、中卫市等 12 个市、县，是宁夏经济水平以及旅游业发展相对较好的城市。其中，银川市作为宁夏的首府以及旅游集散中心，交通相对便利，中卫市沙坡头区也是国家首批全域旅游示范区。宁夏与甘肃、陕西、内蒙古等省份毗邻，便于借鉴周围省、市、区的黄河文化旅游发展经验，有利于达成整体发展共识。

（3）深受研学游青睐。宁夏独具特色的黄河文化具有极高的研学价值。黄河大峡谷旅游景区推出的“走进黄河金岸·传承大禹精神”研学游活动有着极强的吸引力，区内外的研学旅游团队纷至沓来，感受宁夏独特的黄河文化魅力。2017 年 10 月，宁夏引黄古灌区被列入世界灌溉工程遗产名录，景区快速推出研学旅游产品，让想要一睹黄河风采、学习黄河文化并感受人类智慧的学者纷纷赶来。

大禹文化园 （李鹏 / 摄）

2. 黄河文化宁夏段旅游发展的劣势

(1)吸引外部投资能力差。宁夏作为中国西北内陆较小的省份,地理位置较为偏僻,经济水平发展相对落后,导致吸引沿海发达地区的投资能力较差,在资金方面对黄河文化旅游的开发造成了一定的困扰。

(2)旅游产品单一。黄河文化宁夏段的旅游产品单一,吸引力较弱。大多数景点都是以观光性游览为主,部分辅以羊皮筏子作为吸引物。关于黄河文化的旅游纪念品缺乏创新,在一定程度上缺乏对黄河文化内涵的发掘。

3. 黄河文化宁夏段旅游发展的挑战

(1)产品开发难度较大。黄河文化宁夏段的旅游资源虽然较为丰富,但要转化为符合旅游市场的旅游产品有较大难度,尤其是一些非物质文化遗产类旅游资源,如何转化成相应的旅游产品,从深层次、多方位去满足旅游者的需求,调动游客的积极性是黄河文化旅游所面临的一大挑战。

(2)产品同质化竞争。近年来,沿黄各省区都在大力发展黄河文化旅游,打造沿黄精品旅游带以及举办各类黄河文化旅游节,导致黄河文化旅游产品同质化严重,竞争力加剧。

(3)生态保护与旅游开发的矛盾。对黄河文化旅游资源的开发会不可避免对生态造成一定程度的破坏,如何进行适宜的旅游资源开发、平衡生态与旅游开发的矛盾也是发展黄河文化旅游所面临的挑战之一。

4. 黄河文化宁夏段旅游发展的机遇

(1)全域旅游带动发展。在全域旅游的产业联动发展中带动黄河文化旅游的发展。自 2016 年 9 月宁夏创建“国家全域旅游示范(省)区”以来,自治区形成了上下联动发展旅游的新格局,旅游业融入社会发展全局。黄河文化旅游带的建设被列为自治区“六大行动”之一。在旅游精品创建工程实施过程中,打造青铜峡黄河大峡谷为国家 5A 级旅游景区的步伐加快。

(2)沿黄省区联手发展。近年来,为促进黄河文化旅游的发展,沿黄各省区联合发展,打造黄河文化精品旅游。沿黄九省区在2018年携手发布《中国黄河旅游大会宣言》。2019年12月7日宁蒙沿黄流域文化和旅游协同发展推进会在阿拉善盟召开,会上宁蒙双方签署了《蒙宁文化和旅游协同发展合作框架协议》《4+4沿黄城市文旅合作框架协议》以及文旅企业合作协议,进一步从制度层面推动了两地顶层合作。

(3)政府推进发展。黄河文化旅游的发展得到政府助力发展。黄河金岸经济区被纳入国家“十二五”规划。2019年8月9日,宁夏黄河文化旅游精品段建设协调推进会由宁夏回族自治区文化和旅游厅联合宁夏回族自治区体育局召开,其目的就是为了加快推进黄河文化旅游带精品段建设工程。

四、黄河文化宁夏段旅游发展的建议

(一)加强宣传推广,增加吸引力

在发展黄河文化旅游过程中,要针对客源市场及目标人群定位,通过线上线下联动的方式,精准营销,为黄河文化宁夏段的旅游推广发力。在自媒体发展迅速的时代下,线上除通过旅游官方网站(宁夏旅游资讯网)、官方微博(宁夏旅游)、微信公众号(宁夏文化和旅游、宁夏智慧旅游)等媒介进行宣传推广外,还可利用直播、短视频(抖音、快手)等方式扩大影响力,协同旅游APP(携程、去哪儿、马蜂窝等)推出旅游优惠活动吸引游客。线下可以通过举办各种节事活动以吸引各地的游客前来参与,如举办黄河金岸文化旅游节、中国宁夏大漠·黄河国际旅游节等节事活动,提高黄河文化宁夏段旅游的知名度,塑造旅游品牌形象。

(二)深挖资源内涵,创新黄河文化旅游开发方式

黄河文化旅游的文化与经济价值的统一是单一的旅游开发模式所实现不了的。文化旅游的核心竞争力是旅游资源所拥有的独特且深厚的文化内涵。因此,在开发黄河文化宁夏段的旅游资源时,要深度挖掘文化内涵,结合黄河文化

旅游资源的特点和特色来不断丰富和创新黄河文化旅游开发的内容和形式,从多个方面、多个角度来全面开发和利用黄河文化宁夏段的旅游资源。在当前文旅大融合的背景下,要依托特色的黄河文化旅游资源,在普通的观光游览的基础上创新发展,开展生态旅游、乡村旅游、研学旅游以及民族风情旅游等多种旅游模式。

(三)提供个性化服务,发展多元化旅游产品

随着经济水平与互联网技术的发展,消费进入个性化时代,人们对旅游个性化的需求明显提高。满足消费者需求的个性化、差异化,在旅游市场竞争中显得尤为重要。黄河文化旅游的发展并非一种文化旅游产品的发展,在创建全域旅游发展的背景下,黄河文化旅游产品应当结合其他宁夏特色文化旅游资源,与西夏文化、边塞文化、红色文化等旅游资源共同携手,融合发展多种旅游产品,打造特色项目,不仅能够丰富旅游观赏景致,同时还能够有效避免旅游产品的同质性,提高宁夏黄河文化旅游在其他沿黄省区中的竞争力。

(四)加强政府组织保障,完善基础设施

自治区政府要针对宁夏的黄河文化旅游实际发展情况制定和实施相应的发展政策,落实资源的开发政策、宣传政策、保护政策以及行业扶持政策,完善相关法律法规,规范市场有序发展,以保障黄河文化宁夏段的旅游发展得到快速提升。同时,在旅游发展过程中,需要规划合理,为旅游者提供最佳旅游路线;需要拓宽道路,增加道路的通行能力和应急能力;需要构建交通网络,要让游客能进得来、出得去;需要完善水、电、通信、住宿、医疗卫生等市政基础设施,方便游客来宁的旅行生活。

(五)加强专业人才队伍建设,提供人才保障

黄河文化旅游作为一种特色文化旅游,人才是其发展的核心竞争力。要全面提高人才培养和管理能力,建设专业的旅游人才队伍。首先,需要对现有的旅游从业者进行专业的知识技能培训，提高其专业素质与能力；同时需要大量引进专业人才，为人才引进制定相关的优惠保障政策，汇集高质量人才以推动发展。其次，需要依托宁夏各个高校培养专业人才，如宁夏大学文化旅游学院，为宁夏的旅游发展做好人才培养及储备工作。

（六）招商引资，提供资金保障

旅游产业的发展离不开资金的支持。政府首先需要设立专门的资金，为黄河文化宁夏段旅游开发的各个阶段保驾护航，同时要确保各项资金使用的合理化。其次，宁夏经济发展较为落后，政府需牵头进行招商引资，鼓励区内外有实力的企业对旅游发展进行投资，做好向引进企业提供优惠的准备，以吸引更多的企业进行投资，为黄河文化宁夏段旅游发展注入更多的资金。

（七）加强与周边沿黄省区的合作

黄河文化宁夏段旅游的发展，除了加强自身发展外，还需要同周边沿黄各省区（主要包括毗邻的陕西省、内蒙古自治区、青海省、甘肃省等省区）加强合作，以实现共享资源、互送客源、互通信息，协同培育文旅市场，最终促进沿黄各省区黄河文化旅游业共赢发展。宁夏在与周边沿黄省区的合作过程中，需要打破行政区域界线，遵循黄河文化旅游资源的内涵关联性以及地理空间上的邻近性，实现共享旅游资源。要借助政府的带头合作，借助各自在资源方面的独特优势，进一步推进与邻近省区的战略合作，共同打造黄河文化旅游的品牌。同时，通过与周边沿黄省区旅游企业联合打造线路、开发产品以及合作宣传推广，推动黄河文化旅游开发中的市场共享和信息共享，与周边沿黄省区打造黄河文化旅游区域发展共同体。

随着文化与旅游的进一步融合发展，人们在旅游过程中更注重所获得的文化体验。黄河文化是中华文明最具代表性的文化之一，黄河文化旅游近年来也越来越被大众所欢迎。黄河在宁夏流经 12 个市、县，形成了独特的黄河文化，黄河文化旅游资源蕴藏颇丰。黄河文化宁夏段旅游资源的开发尚未完善,仍存在知名度较低、开发形式单一、吸引力较小等问题。对宁夏的黄河文化旅游发展进行SWOT分析后,参考其他沿黄省区关于黄河文化旅游的发展经验以及依据宁夏的现实发展情况,本文提出了黄河文化宁夏段旅游的开发建议,希望能够对宁夏未来的黄河文化旅游发展提供一定的借鉴。

参考文献:

[1]朱江瑞. 浅析宁夏黄河金岸文化旅游产业的开发[J]. 宁夏大学学报(人文社会科学版),2016,38(03).

[2]陈玉香. 分析宁夏文化旅游资源及其特征分析[J]. 智库时代,2018(44).

[3]马术梅. 宁夏打造独具特色文化旅游目的地基本思路[J]. 科技创业月刊,2015,28(21).

[4]尹水镜.宁夏沿黄经济区建设用地发展初探——基于土地节约集约利用视角[J]. 中国土地,2013(04).

[5]吴丽云. 深化文旅融合,讲好“黄河故事”[N]. 中国旅游报,2019-12-02(003).

[6]曹新向,赵威,常捷. 悬河奇观·历史文化·特色品牌——黄河开封段旅游开发设想[J]. 国土与自然资源研究,2004(03).

[7]邹驾云. 江苏省文化旅游产业结构优化策略研究[J]. 商业经济,2019(06).

[8]赵鹏旭. 河南黄河湿地自然保护区旅游资源空间结构与生态旅游发展研究[D]. 郑州:河南农业大学,2013.

[9]张文娜. 宁夏特色旅游资源开发研究[D]. 北京:中央民族大学,2011.

[10]秦书茂. 黄河三门峡湿地生态旅游开发研究[D]. 石家庄:河北师范大学,2007.

[11]苗长虹. 黄河文化的历史意义与时代价值[N]. 河南日报,2019-11-01(009).

(高硕,西北大学硕士研究生,研究方向为行政管理。)

黄河绿色生态旅游开发研究

◎ 王永飞

摘　要:随着国家对黄河流域生态保护和高质量发展的高度重视,对于黄河绿色生态旅游开发的研究，不仅是贯彻落实习近平总书记视察宁夏重要讲话精神的具体行动,而且是促进宁夏“建设黄河流域生态保护与高质量发展先行区”的重要举措,对推动宁夏文旅产业发展、生态环境建设、进一步完善城市功能、提升生态文化旅游品牌、增强城市综合竞争力等具有重要意义。

关键词:黄河;生态;旅游开发

在我国5000多年的文明史上,黄河流域诞生了甘青文明、中原文明、海岱文明,孕育了仰韶文化、大汶口文化、龙山文化、马家窑文化等,更有三皇五帝、大禹治水等历史传说流传至今。千百年来黄河见证了无数中华儿女不畏艰难险阻、披荆斩棘、勇往直前,从“吃不饱”到“吃得好”、从“富起来”到“强起来”的奋斗历程。

一、黄河绿色生态旅游开发概述

黄河绿色生态旅游开发的提出,是国家在新时代背景下解决人民日益增长的美好生活需要和不平衡不充分的发展之间的矛盾的大胆探索，是黄河流域生态保护和高质量发展的理念革新,是黄河流域生态保护企业、文化旅游企业转型和升级的新方向。

(一)国家宏观政策层面

2020年4月20日,财政部、生态环境部、水利部、国家林草局联合下发了《支持引导黄河全流域建立横向生态补偿机制试点实施方案》的通知（财资环[2020]20号），文件指出探索建立具有示范意义的全流域横向生态补偿模式，强化联防联控、流域共治和保护协作,搭建起“全面覆盖、权责对等、共建共享”的合作平台,加快实现高水平保护,推动流域高质量发展,保障黄河长治久安。这是国家从宏观层面明确了建立生态补偿机制的重要意义,彰显了国家加快推进“生态优先、绿色发展”的信念和决心。

(二)区域发展政策层面

2019年3月26日,山西、陕西、河南三省人民政府联合印发《关于印发〈切实加快晋陕豫黄河金三角区域合作工作实施意见〉的通知》(晋政发[2019]7号),三地政府按照高质量发展的要求,通过整合区域优势资源、创新区域合作机制、协调区际利益关系,促进生态环境共保共治,最终实现一体化发展、跨越式发展的示范区。这是跨区域携手推进黄河流域生态保护“共治、共管、共建、共享、融合”发展的大胆实践。

(三)地方发展政策层面

随着宁夏全域旅游示范区建设快速推进,自治区出台了《关于加快全域旅游示范区建设的意见》《关于建设黄河流域生态保护和高质量发展先行区的实施意见》等一系列政策,强力推进西部地区生态文明建设和生态立区建设,经济、科技、文化、交通等各方面实力显著增强。尤其是银西高铁、中兰高铁、银包高铁的相继开工,吴忠至中卫城际铁路的开通,为宁夏沿黄流域城市带发展带来巨大的机遇和便利。

(四)文旅行业发展层面

旅游行业历经20年黄金发展期，传统粗放型的发展已经无法满足人民的物质和精神追求，文旅行业的产业转型和升级迫在眉睫。近年来，走进大自然、贴近生态、放松身心的旅游产品以及乡村游备受青睐。因此，黄河绿色生态旅游的开发是必然，产业环境可以说一片大好，未来市场潜力巨大。

二、存在的问题

(一)黄河绿色生态旅游开发业态单一

黄河绿色生态旅游的开发，必须要立足生态优先、绿色发展，多元化地向旅游爱好者提供综合性的体验服务。要求将原生态的黄河自然景观完整地保持和保护，文明淳朴的乡风民风大力地传承和发扬，将特色乡村、生态美食等多方位展示给旅游爱好者，让他们在参与生态旅游中增加文化认同，感知“绿水青山就是金山银山”。但是，当前的黄河绿色生态旅游开发，普遍存在业态单一的现象，即体验单一、项目雷同，未能用可持续发展的目光看待“贵在原生态”问题。

(二)黄河绿色生态旅游开发中原生态与开发的割裂

可以说，原生态是旅游的资本，但在黄河绿色生态旅游开发中，部分旅游项目的开发，过多地重视了“开发”，旅游规划项目设计“高大上”……对于原生态的保护、原生态文化的挖掘和植入甚少，将黄河绿色生态旅游开发变成了投融资和招商引资的平台。同时，在发掘有价值的原生态文化“爆点”上的能力不足，既难以聚焦生态旅游中的“关键事件”，也难以在“关键事件”中引导旅游爱好者在畅游祖国大好河山的过程中，增强文化自信和民族认同。

(三)黄河绿色生态旅游开发中的“市场经济视角”问题普遍存在

黄河绿色生态旅游开发的重要目的，就是要保护好黄河、利用好黄河资源，讲好黄河故事，引导旅游爱好者增进文化认同、弘扬传统文化。而在我们的实践中，无论是生态旅游品牌活动策划与市场培育、生态旅游精品线路与产品打造,还是生态旅游项目顶层设计、战略规划与施工建设等,我们更多的是从市场经济视角来看待,并以市场经济的思维看待生态开发中的公益性、普惠性、科学性等行为。

三、破局思考

当前,我国经济发展进入新常态,经济增长将逐渐由投资推动、工业主导转向消费驱动和服务业主导,绿色生态旅游产业无疑是推动消费、拉动内需的重点行业。同时,随着黄河流域迈入生态保护和高质量发展新阶段,居民和旅游爱好者的绿色、生态、环保、健康理念和意识不断增强,使生态旅游这一朝阳产业即将释放出强大活力。

(一)认真调研,做好黄河绿色生态旅游的规划

黄河绿色生态旅游规划不是单纯地植树造林、种花种草,配套科教、游乐项目等,而是“文化 +”“生态 +”“旅游 +”和“互联网 +”的多业态布局,实质是以“文化 +”为立足点的生态项目延展。要想让生态旅游名副其实,就需要我们在调查研究的基础上做好规划,要根据自己的地域特点、旅游定位、资源特征、开发历史等相关因素,研发具有自身资源禀赋特色,可避免市场雷同的精品旅游线路与产品,增加“可看、可学、可思、可娱、可实践、互补性强”的高端定制项目和创意产品,满足自驾游、亲子游、家庭游、婚庆游、康养游、科普游、研学旅行和劳动教育等不同人群的需求。同时,通过融合新业态、整合大资源、联合同行业,形成科学的产业链式规划,在生态旅游活动、生态休闲运动、市场预期、人才培养、场地设施建设、服务保障等方面,都有全面的预设和详细的规划或顶层设计。

(二)加强协作,注重细节管理

旅游,需要协调吃、住、行、游、购、娱等多方面业态和资源,每个环节都需要精细化的设计和管理,尤其是安全管理工作,要放在重中之重。保障旅游者安

全，我们应提前做好调研，详细制定预案，控制好风险因子。如协调相关部门，联合建立生态旅游场所安全生产责任体系，健全生态旅游场所安全监督管理制度，完善旅游安全生产清单制，定期开展旅游安全生产风险“体检”，做到风险明、职责清。加强安全宣传教育，提升安全防范能力，采取多种形式开展相关法律法规和标准的宣传工作，大力普及生态旅游安全知识，提高安全保障和应急处置能力。联合相关部门积极创新生态旅游保险产品的开发，为旅游爱好者提供全面安全保障。

（三）精心组织，重视体验和探究

要以新颖的活动、创意的产品和特色的项目，引导旅游爱好者主动参与、亲身体验。如到宁夏银川鸣翠湖国家湿地公园体验生态旅游，引导消费者走进湿地、走进自然，亲手鉴定鸣翠湖的水质；走进特色小镇——掌政镇吃上一碗地道的宁夏羊杂碎，才能加深他们对生态旅游的认知，对地域文化的认同，进而树立保护生态环境、爱护自然的理念。

中卫沙坡头 （展帆 / 摄）

金沙湾长亭落日 （李鹏 / 摄）

（王永飞，银川鸣翠湖生态旅游开发有限公司总经理。）

黄河文化宁夏段的
实践应用及创新研究

宁夏“黄河金岸”战略文化刍议

◎ 李 华

摘　要:“天下黄河富宁夏。”宁夏地处黄河中上游,有其得天独厚的自然地理和人文环境优势。宁夏提出并着力实施“黄河金岸”战略。文中对该战略文化进行了梳理,论述其文化亮点,并进一步提出了富有建设性的文化思考。这对于挖掘和弘扬中华民族黄河文化具有积极的理论价值和现实意义。

关键词:宁夏;黄河金岸;黄河文化

黄河在亘古不息的奔流中,成为中华民族得以生生不息的血脉,孕育出了世界上最古老、最灿烂的文明——中华文明。因此,黄河流域不仅是中华民族的摇篮,也是世界古文明发祥地之一。黄河文化承载着中华民族的历史文化,它有一种流动之美、发展之美,不断丰富着生活于此的人们的生活之美,演绎着代代中华儿女的创造之美。

黄河流经的不同地域体现出不同的文化特点。在黄河母亲的哺育中,宁夏以其悠久的历史文化和独特的人文环境,体现出鲜明的地域及民族特色。宁夏打造黄河金岸的根本与实质在于弘扬黄河文化。这一战略对于实现宁夏跨越式发展、持续性发展具有十分重要的意义。在实施“黄河金岸”战略的过程中,黄河文化所起到的重大支撑作用将是无法取代和不可估量的。

一、“黄河金岸”战略文化

黄河文化历史悠久,具有深厚的文化积淀。它是中华民族特别是黄河流域广大劳动人民在与黄河的接触中,在治理、开发利用、欣赏保护、亲近黄河的生活实践中,对黄河深层次的感悟、认识和思考,从而形成的价值理念与精神追求、思维方式和行为的综合反映。它体现于物质层面和精神层面,见于广大民众的日常生活中。它是中华儿女在历史与现实、传统与现代、理念与实践、自然与人文之中奏响的生命之曲与和谐乐章,形成一种昂扬向上、勇于探索、奋斗拼搏、不屈不挠的民族精神,当之无愧地成为中华民族的精神脊梁和标志性的文化符号。黄河金岸再次向世人展示着不朽的黄河精神和黄河文化魅力,使黄河文化在黄河金岸的打造过程中,伴随着新时代建设战鼓的强音,以崭新的姿态绽放生机,释放活力。

宁夏位于黄河中上游,有“塞上江南”和“塞上明珠”之盛誉。黄河水穿宁夏平原而过,在宁夏境内流经中卫等 12 个市县,全长 397 公里。这些沿黄河分布的市县, 以宁夏全区 43%的面积, 集中了宁夏全区约 57%的人口和 80%的城镇,创造了宁夏 90%以上的财政收入[①],已经形成城市带格局。一方水土养一方人。因其独特的地理位置,宁夏成为农牧皆宜之地,成为农耕民族和游牧民族共同的生活区,成为北方少数民族与中原汉族的交汇区,是东西交通的融会地。黄河文化宁夏段与自然地理、生态环境、经济社会发展和时代变迁紧密相连,在复杂的历史变迁中,形成农耕文化、草原游牧文化、岩画文化、长城文化、石窟文化、丝绸之路文化等多元文化。因此说,是黄河文化孕育了“塞上江南·神奇宁夏”,宁夏依黄河而发展,而兴盛。同时,在这片热土上怀着美好生活希冀和追

①刘天明,李华. 2010 宁夏文化蓝皮书——黄河文化托起的“黄河金岸”[M]. 银川:宁夏人民出版社,2010.

青铜峡黄河滩地　（李鹏 / 摄）

求的历代人民共同创造了宁夏段的黄河文化。

2007 年,宁夏区委、区政府就对建设沿黄城市带(群)作了部署,鼓励支持沿黄各县市(区)相向发展、互联互通,共同打造黄河金岸，这是“黄河金岸”一词的首次亮相。2008 年,自治区第十届人民代表大会第一次会议对“黄河金岸”的概念进行了阐述:加快建设沿黄城市带(群),奋力打造黄河金岸。建设沿黄城市带(群)要力求做到六个一体化:一是规划编制一体化;二是基础设施一体化;三是产业发展一体化;四是区域市场一体化;五是生态环境建设一体化;六是市政服务一体化。通过这种同城化的持续推进,打造黄河金岸,使其成为“呼—包—银—兰”经济带的重要一地,成为西北地区重要的商贸物流中心和文化旅游中心,成为宁夏承接发达地区产业转移、参与国内外市场竞争的强势经济群。2009 年 4 月 9 日,宁夏区委、区政府召开沿黄城市带(群)建设启动大会,这标志着宁夏沿黄城市带(群)建设、打造黄河金岸正式进入实施阶段。建设沿黄城市带（群）、打造黄河金岸要突出六条功能线建设，即生命保障线、抢险交通线、经济命脉线、特色城市线、生态景观线、黄河文化展示线。要把宁夏建成特色精品城市带（群），西北地区人与自然和谐发展的示范基地，西部大开发新的战略支点及经济文化交流中心。因此，“黄河金岸”战略的提出，是对黄河文化建设的推进和深化，对于推动宁夏文化大发展大繁荣和促进宁夏经济社会发展都有着重大现实意义和深远的战略意义。特别是中国—阿拉伯国家博览会永久性会址落户宁夏，以及国家批复了银川综合保税区和宁夏内陆向西开放实验区，进一步加快了建设经济繁荣、民族团结、环境优美、人民富裕的美丽新宁夏的进程。

打造黄河金岸，同城化经济建设是核心，但绝不是仅靠经济来支撑，更需要文化——尤其是在特色上下功夫提升城市的文化品位和内涵。2009 年《宁夏沿黄城市带发展规划总报告》中提出了“一核两翼”和“一带两轴、一核二极多点”的建设方案。2009 年宁夏规划建设了黄河小镇、黄河书院、中华黄河楼、中华黄河坛、宁夏水利博物馆、枸杞博物馆等标志性工程，2011 年已全面建成。2009 年开工建设的宁夏人民剧院，石嘴山、吴忠、中卫的科技馆、博物馆、图书馆、体育馆、文化中心等一批城市地标性项目，2010 年已建成并使用。黄河金岸要着力融通做好“黄河、生态、民族、历史”四篇精彩华章，培育“塞上明珠·神奇宁夏”“黄河名城”的品牌形象，为世界展开一幅幅极具宁夏特色的“黄河风情长廊画卷”。这是展示宁夏历史与现实交融的窗口，展示宁夏人文地理资源的窗口，展示宁夏全面发展成果的窗口。

以宁夏沿黄城市带（群）建设、打造黄河金岸发展规划为指导，各市县（区）依据自身资源优势制定彰显特色文化的发展方案。例如，吴忠市发挥黄河穿城过的优势，提出“依托黄河、西移东扩、一带两翼、相向发展、功能互补、突出特色”的发展战略。简言之，要充分体现“塞上湖城”银川、“山水园林之城”石嘴

滨河大道 （李鹏 / 摄）

山、“滨河水韵之城”吴忠、“浪漫沙都”中卫、“丝路古城”固原及各城市特色。要注重塑造个性化的形象和品牌，以“不同”和“异质”求得发展空间，避免“千篇一律”“千城一面”，形成布局合理、优势互补、功能完善、特色鲜明、协调发展的城镇体系和经济产业集群。要科学地把现代气息、历史神韵和地方特色融于城市建设之中，力争做到一座城市一风格，一条街道一道景，一座建筑一幅画，力争使城市的每一个大建筑、每一片区域、每一条街道、每一座广场都成为精品，将沿黄城市带（群）打造成西部真正的“黄河金岸·塞上明珠”，打造成具有宁夏特色的人与自然和谐共生的现代精品魅力城市带。

打造黄河金岸的各项建设工作已经取得许多成果，如公共设施和公共服务建设、滨河大道等交通网建设、黄河标准化堤防建设、生态经济文化建设等。一是加强了对历史传统文化、民间民俗文化的收集整理、保护传承、宣传弘扬。例如对宁夏境内明代长城、灵武恐龙化石遗址、西夏历史文化遗存、贺兰山岩画、口弦、“花儿”、民间故事传说、民间手工艺等采取针对性的文化抢救保护措施。

并在此基础上深入研究,紧密结合当前文化建设,进行文化创新,焕发文化生命力,发扬光大,充分展现历史与现代的交融,体现特色与多元的并行发展。二是充分利用了民族和区域文化资源,打造旅游文化品牌。宁夏有江南水乡、雄浑大漠、西夏文化、红色旅游、丝绸古韵等自然与人文交融的亮丽景观。例如中卫市在全力打造“浪漫沙都”“腾格里湿地公园”“中国沙漠旅游基地”“中国长城故乡”“西部攀岩探险基地”等旅游文化品牌。同时,吴忠市纵深推进国家园林城市、国家卫生城市和中国优秀旅游城市“三城联创”活动,并获得了“中国最佳休闲旅游城市”入围奖。加强旅游文化宣传,吸引更多人走进宁夏,了解认识宁夏,瞩目投资宁夏。三是高效发展特色产业、生态农业、会展业,促进经济文化互动发展和社会全面进步。例如,吴忠市大力发展以农业“十大基地”为主的现代特色优势农业产业,抢抓机遇,积极推进与国际城市的合作,建立起面向世界的经济文化交流合作平台。中卫市依托香山硒砂瓜、枸杞等特色产业,举办香山硒砂瓜节和枸杞节,还建设了枸杞博物馆。总之,借助中阿博览会国际盛会平台,借力内陆向西开放实验区和综合保税区的政策优势,大力发展经济建设的同时也促使文化得以提升、繁荣和发展。

二、“黄河金岸”战略文化亮点

宁夏在实施“黄河金岸”战略过程中,经济社会发展与文化建设都取得了很大成就。这一战略文化亮点主要表现在以下几方面。

一是黄河金岸文化发展规划的起点高, 利于多元化的文化得以全方位、多角度地展现。宁夏有着深厚的历史文化资源,如横城、兵沟汉墓群、灵武恐龙化石遗址、贺兰山岩画等无不闪烁着黄河文化昔日的光彩。在广博精深文化积淀的高起点上,通过深入挖掘黄河历史文化与民风民俗文化,以黄河文化为轴心,规划建设了黄河楼、黄河书院、黄河度假村、黄河小镇、黄河坛、黄河水利博物馆和黄河农耕文化园、黄河风情园、黄河雕塑园、黄河休闲广场等黄河金岸景区。

这充分展示了黄河名城的魅力。同时,"九曲黄河万里沙,浪淘风簸自天涯""黄河永著安澜颂,留取丰功万古存""天堑分流引作渠,一方擅利溉膏腴""不尽黄河浪有声,凭谁击水起鲲鹏?""大道飞越连山河,八骏驰骋贯古今"等各个时期名人名家咏颂黄河的诗作、辞赋,大禹治水等有关开发治理黄河的典故、传说、歌曲以及岳飞《满江红》、毛泽东《清平乐·六盘山》等诗作使这方神奇的土地蜚声四海。这些都唤起了人们对黄河历史文化的美丽记忆,激发着人们对黄河文化的创作热情和灵感。为讴歌中华民族母亲河的悠久历史文化,颂扬中华民族在黄河哺育下新的时代精神风貌,打造黄河文化展示线,宁夏文化和旅游厅和宁夏民族艺术研究所于 2009 年开展了面向区内外征集反映黄河题材的诗、词、歌、赋、美术、书法、摄影作品活动,在歌舞剧及文学创作方面挖掘了一批有关黄河文化的文艺作品。特别值得一提的是,2013 年由自治区党委宣传部、中华诗词学会、宁夏日报报业集团、自治区文化和旅游厅、自治区文联联合主办的"中国·宁夏黄河金岸诗词赋联大赛暨第二届黄河金岸诗歌节"。该活动自当年 2 月起面向全国征稿,历时 5 个多月,共征集到来自全国 31 个省、区、市和美国、澳大利亚、新加坡等国家和地区近 3600 位作者的 28000 余件参赛作品。这一活动旨在传承文明,以诗意的方式全方位解读中国梦,深层次发掘黄河文化精髓,向祖国和世界展现和谐富裕新宁夏。这些以黄河文化为主题的活动在社会上产生了很好的反响,让人们充分领略到中华民族母亲河的古老沧桑、气势磅礴和深邃的文化底蕴,同时又有充满时代气息的现代文明元素,全方位、多视角地展现了宁夏跨越式发展所取得的辉煌成就,体现出宁夏开放包容、兼收并蓄、和谐共生的文化特色。

二是黄河金岸的生态旅游城镇文化建设各具特色,魅力无限。目前,宁夏以银川为中心、以四个地级市为次中心,构成沿黄城市的立体网状布局,形成了同城化发展,展示宁夏段黄河文化的滨河景观大道将与"三纵九横"骨干路网融会贯通,形成方便、快捷、高效的交通运输网络,全面提升了宁夏在亚欧大陆桥国际大通道、祖国西部南北大通道中的战略地位。沿黄城市因其共同的自然山水与人文教化紧紧联系在一起。城市文化建设定位准确,注重对传统文化资源的发扬光大,精心打造强化各自的特色优势。例如,有"塞上湖城""凤凰城"美誉的银川,既有厚重与博大的城市文化特质,又充满深厚的文化积淀;有"滨河水韵之城"之称的吴忠,透出温婉与灵秀的气质;石嘴山气质硬朗、挺拔,是"西北重工基地,塞上湖泊水乡",又是"山水园林之城",有星海湖、沙湖、生态园林、天河湾生态湿地公园、玉皇阁古建筑等特色景观;中卫定位于"浪漫沙都",透着浑厚与沧桑的气质,沙漠、黄河、湿地的拼盘式景观,古老与现代交相辉映。每座城市都独具文化特色,尽显风情魅力。即便是黄河边上的小镇也特色鲜明、别具风貌。例如,青铜峡以特色旅游小镇为建设理念,依托黄河、秦汉古渠等旅游资源,突出水文化,体现水镇、古镇、文化镇、生态镇、夜生活镇等特色。

三是黄河金岸的文化与经济社会发展相得益彰。文化是与经济社会发展结伴而行、相互融会的。自治区政府主办的六大会展活动:中国西部(银川)房·车生活文化节、宁夏(香港)经贸文化旅游活动周、中国(宁夏)国际投资贸易洽谈会、中国(宁夏)国际文艺旅博会、中国(宁夏)园艺博览会、中国西部(银川)服装服饰节,都是文化和经济的二重奏。宁夏园艺产业园、中宁枸杞观光园、灵武长枣采摘园、贺兰山生态葡萄种植园等各具魅力的特色产业园,生态农业和观光旅游紧密结合,既有特色,又取得了经济效益、社会效益与生态效益。利用传统文化资源优势,兼具历史地理特色文化与现代人文理念,继续开发打造文化旅游精品活动。宁夏的文化建设,不仅包括沿黄地带,也包括黄河流域。例如,大漠风光、湿地园林、"两山一河"(贺兰山、六盘山、黄河)、"两沙一陵"(沙湖、沙坡头、西夏陵)、"两堡一城"(将台堡、镇北堡、古长城)。自 2009 年开始宁夏已连续举办了五届中国(宁夏)国际文艺旅博会暨感恩母亲河活动。已成功举办了四届黄河金岸国际马拉松赛事，加之环青海湖自行车赛自2012年已实现跨青海、甘肃、宁夏三省区骑行。靓丽多姿的文化旅游资源交相辉映，在母亲河黄河文明的浸润下，焕发着光彩照人的无穷魅力。

三、“黄河金岸”战略文化建设的思考

以深邃博大的黄河文化底蕴为依托，铸造宁夏黄河金岸文化主要做好以下几方面工作。

一是加强文化的保护和传承，弘扬民间艺术瑰宝。历史名胜和文化遗迹不可再生，非物质文化遗产不加强保护也有失传的可能。明代河东墙和长堤、银川明长城等历史古迹都受到一定程度的损坏。搜集整理民间文学艺术，建立民间文艺档案。组织对部分民族民间文化遗产进行调查和研究工作，记录整理各种技术流派和各种体裁的传统艺术的唱腔、表演艺术、服装、道具等，对老艺人独特的表演艺术、经验及他们所了解的史料进行记录、整理和学习，尤其是将濒临消亡的民族民间文化瑰宝抢救性地记录下来。给予民间艺人以适当的资助，鼓励其带徒弟传承技艺。通过财政拨款、鼓励社会捐赠等形式扶助以民族民间文化为创作对象的艺术表演团体，鼓励他们进行创作、演出。对于具有重要价值的民族民间文化遗产，采取重点扶持政策，使民族民间文化遗产经过挖掘、整理，焕发出新的光彩。

文化遗产的生存环境是文化持续存在和发展的重要条件。保持文化生态，将文化遗产在适宜其生存的社区和环境中原状地加以保存，使其成为“活文化”，具有非常重要的意义。可以通过建设文化生态保护区来维护文化遗产生存环境。

二是立足并发挥特色，打造黄河金岸文化。宁夏具有良好的人文优势和地缘优势以及稳定团结的政治优势。长期交融的多元文化，形成了宁夏人不封闭、不排外、不保守，兼收并蓄、和谐共生的开放包容心态。如何将优势转化成胜势，需要高瞻远瞩,立意全局,科学规划,科学发展,坚持走外向型与内涵式共同发展的道路,在特色和创新上用心思、下功夫。

宁夏具备投资置业的坚实基础与良好环境,具有丰富的资源优势。宁夏耕地总面积达1659.51万亩[①],人均占有量为全国第三,引黄自流灌溉690万亩,是全国四大自流灌溉区之一、十大优良牧场之一和12个商品粮生产基地之一,是国务院确定的现代农业、旱作节水农业、生态农业"三大示范区"。宁夏有中国"枸杞之乡""甘草之乡""马铃薯之乡""长枣之乡""滩羊之乡",也是重要的中药材生产基地、中国羊毛绒的最大集散地,有可与法国波尔多媲美的世界优质葡萄栽培种植区,宁夏80%的农产品属于绿色有机产品。国家分配宁夏年可利用黄河水达40亿立方米,通过水权转换,为工业发展创造了广阔的用水空间。特别是借助中阿博览会的平台,2013年中阿博览会经贸活动签约项目共158个,签约金额2599.01亿元。宁夏应依据沿黄城市的资源环境、技术条件和基础现状等因素,牢牢抓住特色优势产业,突显区域特点;宁夏应充分挖掘和利用区域特色优势文化,实现文化和经济社会共发展,着力打造黄河金岸,展现黄河文化的魅力。

三是经济文化互惠共赢,促进社会整体发展、全面进步。以经济建设为载体促进文化发展,以文化品牌建设促进经济发展,二者可以相互为用,互惠共赢。整合宁夏旅游资源,以基础设施托起旅游景观,以生态环境扮靓旅游景观,以产业发展拓展旅游景观,以文化理念打造旅游景观,以机制创新开发旅游景观,发挥沙湖、沙坡头旅游景区的龙头作用,带动提升六盘山、贺兰山岩画、须弥山石窟、青铜峡大峡谷、西夏陵、水洞沟遗址、宁夏川民俗园等景区景点的品位和功能。同时,依托"塞上江南·神奇宁夏"的主体形象,加快建设沿黄河旅游景

①宁夏年鉴编辑委员会. 宁夏年鉴2012[M]. 银川:宁夏人民出版社,2012:12.

观长廊，培育新的旅游精品，把现代气息、历史神韵和地方特色融于城市建设之中，打造西部独具特色的国际旅游目的地。

在全球经济一体化的背景下，投资不仅仅是流向可提供成本利益、技能和专门技术的区域，更重要的是它将流向那些能提供智能架构的国家、地区和城市——高效运输系统、现代化的机场、安全贸易通道、可靠的电网、透明且可信赖的市场还有更高品质的生活。大力促进多种形式、多元投资的国际国内会展业，推进社会事业发展，健全多级文化组织网络，形成设施布局合理、服务网络健全、消费市场繁荣、文化交流活跃的多元文化格局。

四是加快人才队伍建设，宣传研究黄河金岸文化，提供更多智力支持。不论是经济发展，还是文化建设，从根本上说是人才问题，而人才源于教育。必须着眼于人的全面发展，着力于提高人的素质，要加大资金投入力度，充分利用和挖掘人才资源，加快宁夏科技文教建设，深入实施“科教兴区”战略，构建教育资源布局合理，多门类、多层次的现代化教育体系。开展特色创新教育，建立高级人才培养基地和实训基地，造就一支对黄河文化有一定研究，学有专长、训练有素，具有创造力和凝聚力的专业人才队伍。建立专门的研究机构，对中国传统文化和黄河文化进行系统、专业研究，挖掘文化内涵。定期举办有关黄河文化的研讨会、民俗文化博览会等，对黄河文化的研究成果进行总结、交流。通过组织专家学者的研讨，为科学发展提供理论支撑，使我们的历史文化在学术普及中引发更多的社会共鸣和关注。

在互联网时代，各种形式的创意宣传本身就是一种生产力，媒体发挥的宣传作用非常大。珍贵的史前岩画、独特的古寺庙建筑、雄浑的古长城遗迹、久远的丝路驿站等历史遗迹，无不闪烁着黄河历史文化的光芒，它们需要更多更好的宣传，让全国和世界的朋友了解宁夏这块神奇的热土、富饶的地方、开放的乐园。

他山之石可以攻玉。学习借鉴沿黄其他兄弟省份的文化建设经验可以加强宁夏的建设。例如,山东沿黄城市滨州对渔鼓戏进行挖掘整理,并成立渔鼓剧团,排演新剧目。发扬历史名人董永身上体现出来的孝敬父母、赡养老人的高贵品德,与国家有关部委联合举办"全国十大孝星"评选活动和"中国博兴(国际)小戏艺术节暨董永文化旅游节",弘扬中华民族的传统美德。宁夏的坐唱、"花儿"、口弦、踏脚舞等非物质文化遗产亟待保护和传承。同时,应积极构建完善公共文化服务体系,推进"数字宁夏"工程建设,提高城市信息网络的综合服务能力,加快实现历史文化信息化。这有利于提升地方文化软实力,扩大宁夏在外界的影响力,促进内陆开放型经济区的发展,吸引更多的人来宁夏投资创业,共同打造黄河金岸,促进黄河文化的繁荣和宁夏经济的发展。

五是促进人与自然和谐发展,打造福祉于民的黄河金岸生态文化。打造黄河金岸,要着眼于建设生态宁夏,这是我们必须担当的历史责任,更是保护宁夏生命之源、兴盛之源的现实需要。实施以保护水生态为中心的可持续发展战略,优化水资源配置利用,建设节水型社会,科学制定沿黄城市水系规划,加大水土流失治理力度,加大环境保护力度,加大生态建设力度。进一步加强防沙治沙研究,科学规划黄河金岸的植树造林,构筑沿黄生态绿色景观长廊。不断改善人居环境和创业环境,在打造特色城市线上实现新突破。完善沿黄绿色长城,在打造生态景观线上增添新亮色。制定环境保护的条例制度。提高人民环保意识,鼓励大家营造良好环境、节能减排、保护生态。总之,只有合理开发大自然,合理利用母亲河,才能促进人与自然和谐发展,才能保障沿黄群众在安居中实现乐业,打造好福祉于民的黄河金岸,展现出古老而又现代的黄河文化。

六是加快城市化进程,着力建设现代化沿黄城市群。打造黄河金岸,重在加快城市化进程,坚持"沿黄城市一盘棋",以核心城市带动周边城市、乡镇的同城化发展。同城化发展经济建设是核心,更要靠文化来支撑,尤其是在特色文化上要下功夫，提升城市的文化品位和内涵，充分体现和塑造个性化的形象和品牌。

成功的范例对宁夏的城市建设与发展具有很好的参考价值和借鉴意义。可以借鉴智能城市建设经验，紧密结合自身实际打造精品城市带(群)。在全球化现代化的大背景下，智能架构逐渐成为国家、区域和城市之间竞争的基础。智能城市就是把各种感应器嵌入和装备到电网、铁路、桥梁、隧道、公路、建筑等各种事物中，形成“物联网”。以银川为中心的各沿黄城市之间要做到立意全局，团结协作，相互联系，相互衔接，取长补短，共谋发展。只有紧跟时代前进的步伐，充分发挥科技的作用，才能够进一步提升城市化层次和水平，把宁夏沿黄城市带(群)建成西部最具潜力、最有特色、最富魅力、最适宜人居和创业的精品城市带(群)。

“黄河金岸”战略虽已在各领域取得了显著成绩，但综合分析，也有不足之处，如对文化建设投入资金力度还不够，人才队伍建设还不齐整，挖掘区域文化资源还不深，公共文化资源利用率还不高。以下简要谈及两点。

一是从经济社会发展状况看，宁夏是经济欠发达小省区，从中央到地方，已经把文化建设作为重大战略任务，摆在突出位置。自治区党委、政府提出了“小省区办大文化”的目标，“黄河金岸”战略中专门强调了黄河文化展示线，但是有些部门甚至文化部门(各市县不同程度的)在落实上，仍然偏重经济，强调生产总值的提高，对于文化的建设和发展落实程度不够。经济、文化二重奏变成了文化搭台经济主唱，甚至演变成了经济的独角戏。殊不知，经济是短效应，文化才是具有持久魅力的长效应。如何不断满足人民群众的精神文化需求，让文化成为人民群众的鲜活生活，需要真正认识到文化的深远意义，切实加强精神文明建设。

二是在突出打造宁夏特色的黄河文化方面，认可度和吸引力不够大，有待加强和完善。黄河文化展示线既要体现出黄河文化的共性,又要突显宁夏文化的特色,即实现两者兼得,让宁夏人民群众和来宁游客充分感受和享受到黄河文化魅力。这需要根据宁夏的人文资源和自然资源,充分展示浓厚的地方特色和浓郁的民族特色。正所谓文化越是民族的越是世界的。

参考文献:

[1]徐运平,刘峰.中阿携手 面向全球——写在中国—阿拉伯国家博览会启幕之际[N].人民日报,2013-09-13(14).

[2]宁夏年鉴编辑委员会.宁夏年鉴2012[M].银川:宁夏人民出版社,2012.

[3]祁瀛涛.中国·宁夏黄河金岸诗词赋联大赛暨第二届中国·宁夏黄河金岸诗歌节启幕[EB/OL].银川:宁夏新闻网,2013-05-12.

[4] 张晓芳.2013中阿博览会项目签约仪式举行 [EB/OL].银川: 宁夏新闻网,2013-09-17.

(李华,文学博士,宁夏社会科学院民族研究所副研究员,主要从事民族民俗文化研究。)

浅析宁夏黄河金岸文化旅游产业的开发

◎ 朱江瑞

摘　要:黄河金岸是宁夏为实现跨越式发展,走出一条具有宁夏特色的兴区富民发展路子,提出的战略构想,利用沿黄地带集聚银川、石嘴山、吴忠、中卫等城市的优势,打造一个沿黄城市群从而推动宁夏经济的快速发展。黄河金岸是宁夏的精华地带,是呼包银经济区、陕甘宁革命老区和能源化工“金三角”的重要部分,是新一轮西部大开发战略的重点发展区。从宁夏沿黄经济区现有资源来看,立足实际,加快该区域文化旅游产业开发是应有之义。加快黄河金岸文化旅游产业的开发对构筑西部生态安全,促进民族团结、和谐、稳定,统筹区域协调发展,确保宁夏与全国同步进入小康社会具有重大的意义。

关键词:宁夏;黄河金岸;文化旅游产业

一、文化旅游资源优势

宁夏黄河金岸得天独厚的“盆景式”旅游景观资源以及厚重的历史与民族文化积淀,为宁夏黄河金岸文化旅游产业开发提供了必要条件。

(一)优质的黄河文化旅游资源

“天下黄河富宁夏”,黄河流经宁夏中部和北部,流程 397 公里,其中 90%以上的资源集中在黄河金岸。沿黄经济区现有耕地较多,生产条件好,农产品

黄河金岸交响曲 (李鹏/摄)

品质优,农业优势明显,阡陌纵横、风光旖旎。同时,还具备各种水利设施,被称为“黄河水利博物馆”,在国内具有一定的知名度,成就了“塞上江南”极富特色的文化旅游资源。

(二)历史悠久的建筑资源

宁夏保留了大量有特色的西夏文化遗产,是宁夏地方文化的重要组成部分。作为宁夏历史的代表建筑西夏陵,坐落在银川西部的贺兰山脚下,方圆 40 多公里,气势宏伟,在国内外享有较高的知名度,被誉为“东方金字塔”。其与贺兰山岩画、拜寺口双塔、承天寺塔以及青铜峡一百零八塔等一批历史文化遗产交相辉映,共同构筑了宁夏独具特色的文化旅游资源。

(三)奇特的大漠资源

黄河金岸具有水沙结合的奇观,最具代表性的沙湖和沙坡头景区是沙与水完美结合的经典,沙水相依相偎,沙漠与高山、黄河、平原为伴,彰显大漠风光的秀美与雄伟。

(四)得天独厚的影视资源

拜寺口双塔寺 (田鸿亮/摄)

宁夏的影视文化旅游资源异常丰富。黄河金岸拥有高山、平原、湖泊、绿洲、河流等自然景观。目前,已开发并可利用于影视拍摄和开展特色旅游的自然景观共有 15 大系列,既有江南水乡的秀丽,又集塞外大漠的雄浑,各类自然风光集聚，使宁夏赢得了“盆景式”自然景观的美誉。

（五）古老的边塞人文资源

宁夏自古以来就是中国西北边防要塞，拥有全国最大的古代军事重镇，素有“关中屏障，河陇咽喉”之说。从战国时期至明清，历代封建王朝为了边防的稳定，几乎都在宁夏修筑过长城，形成了绝妙的天然长城博物馆。这里拥有宁夏境内已发现的最大的古汉墓群之一兵沟汉墓。汉墓群占地约万亩，共有汉墓100多座，是不同时期分葬的汉代宫。相传秦朝大将蒙恬、卫青曾在此征战过。地形独特的兵沟大峡谷，沟壑纵横，充满着神秘的色彩，是探秘古战场苍凉、悲壮的绝佳之地。

二、宁夏黄河金岸旅游产业开发现状及不足

宁夏紧跟国家的发展步伐，发挥自身优势，着力加强黄河金岸旅游产业的开发与建设。一是一批标志性建筑物相继建成。近年来，黄河金岸建设明显加速，沿黄标志性工程、沿黄特色小镇建设稳步推进。目前，西夏古城文化博览园、黄河文化园、塞上江南博物馆、中华黄河楼等一批沿黄城市带标志性工程陆续完工。中卫黄河湿地公园、灵武枣博园、中宁枸杞博物馆等一批标志性建筑物也相继建成。二是基础设施逐步完善。随着银川滨河新区建设的推进，市政公共服务条件显著改善。国道211线机场至灵武高速、石银高速等一批高速公路建成并投入使用。中卫黄河公路大桥、石嘴山新火车站等一批区域交通设施、城市基础设施相继竣工。一批文化品位较高、旅游市场前景良好的文化旅游景区，如黄河书院、中华黄河坛、水洞沟遗址博物馆等相继建成。西夏陵四号陵、董府等一批重点文物保护工程取得阶段性成果。宁夏“花儿”等一批项目成功申报国家级非物质文化遗产。三是生态效益逐步显现。对黄河两岸约300平方公里的自然生态景观实行分级保护，新增30多万亩绿地、5万多亩水面、4.7万亩土地，为黄河金岸文化旅游产业可持续发展提供了环境支持。四是特色文化

旅游节庆活动成功举办。近年来,宁夏成功举办了多届中国宁夏文化旅游博览会、大漠黄河国际旅游节、银川汽车·摩托车旅游节、农垦旅游文化节、沙湖国际沙雕大赛、冰雪旅游文化节、冰灯冰雕旅游节。沿黄各城市还根据本地特色推出区域性文化旅游节庆活动,例如:银川市举办了宁夏文化旅游产品展示会,石嘴山市举办了北武当九九重阳节,吴忠市举办了美食节、黄河金岸马拉松等重要文化旅游节庆活动,全方位提升了宁夏的对外影响力。

近年来,宁夏黄河金岸文化旅游产业发展取得显著成效,但与发达地区相比,仍然存在明显差距。一是文化旅游产业开发,尤其是文化旅游融合发展的规划还不够系统、科学。二是文化旅游产品开发缺乏创意,文化内涵不深、文化品位不高、竞争力不足。三是文化旅游产业发展所需的专门人才较少,尤其缺乏规划、管理和营销方面的高层次人才。四是宣传、推介、策划、包装层次不高,手段单一,目标定位不清晰。五是现有的投资、融资机制未能适应文化旅游产业开发需要,资金缺乏成为制约文化旅游产业发展的一大瓶颈。

三、对宁夏黄河金岸文化旅游产业开发的思考

(一)科学编制发展规划,明确产业发展方向

文化旅游产业发展规划是文化旅游业开发、建设的依据,主要是确定开发的目标,并研究其实现途径的动态过程。从系统性和整体性出发,发展规划的编制应以文化旅游产业的整体为重,从发展的视角来把握方向,进而扩大开发建设的社会效益、经济效益与环境效益。因此,黄河金岸文化旅游产业发展规划要统筹全局,为产业发展提供科学指导。规划要突出地方特色,注重区域协同发展,明确产业定位、开发布局和发展重点等重大问题,重点要确定以下三个定位。

一是产业开发的主题定位。主题是整合资源的纽带,是吸引游客的招牌。黄河金岸文化旅游资源的多样性决定了开发主题的包容性。黄河金岸文化旅

游产业的开发一定要解决好“包容”和“特色”的问题。为此，黄河金岸文化旅游开发建设主题定位应该在融合文化产业与旅游产业的前提下，以黄河文化、大漠水沙文化、边塞军旅文化以及特色影视文化为开发主题，着力打造集个性化、主体化及生态化于一体的特色文化旅游展示带。

二是产业开发的形象定位。形象定位是文化旅游项目招揽客人、吸引客人的卖点。形象定位在一定程度上能够集中揭示文化旅游资源的独特性及其自然环境与人文地理的典型特征，是文化旅游项目开发建设成功与否的关键所在。在宁夏黄河金岸文化旅游产业开发建设中，应使黄河金岸及其各个文化旅游景区在游客心中形成鲜明、生动而独特的印象，通过合理、有序的对外宣传，提升其整体知名度，总体形象策划定位于“古河风韵、金岸奇景、边塞史诗”。

三是产业开发的市场定位。客源市场是文化旅游业赖以生存和发展的前提。文化旅游产业的开发必须以旅游的供需关系和市场导向为核心，即开发要面向市场，针对不同的客源市场、不同消费群体的需求，利用自身的特色，通过策划、设计、加工、包装等多种手段，打造并形成自身的特色和卖点，形成自己的“拳头”产品。随着国内外文化旅游产业的迅猛发展，开拓和发展稳定的客源市场成为文化旅游产业发展的重中之重。因此，在项目开发建设中，必须确立明确的目标市场定位，针对其潜在游客的需求及心理进行营销设计，初步确立自己开发建设的旅游产品，形成差异性竞争优势，最大限度地吸引潜在的游客。在黄河金岸文化旅游产业开发过程中，要树立大市场观念，既要重视国内客源市场的开发，也要重视国内客源市场潜力的挖掘。在对黄河金岸文化旅游市场进行深入调研时，结合宁夏黄河金岸影视文化旅游产品的推动，进行旅游市场细分和定位，有针对性地开发新的目标市场。坚持以市场为导向，根据目标市场的需求特点及变化趋势，合理确定文化旅游的开发重点，形成具有竞争力的、适销对路的影视文化旅游产品。

(二)遵循旅游产业开发建设规律,推动产业的可持续发展

按照国家西部大开发战略、文化产业振兴规划和构建资源节约型、环境友好型的社会要求,结合宁夏产业结构调整的需要,遵循文化旅游产业的发展规律,兼顾产业基础、资源利用与保护等实际情况,宁夏黄河金岸文化旅游产业开发应当把握以下五大原则。

一是坚持开发利用和保护相统一。文化旅游产业开发建设要坚持开发与保护两轮驱动,既要充分利用现有资源,很好地满足人们对旅游资源的需求,同时要保护现有旅游资源,防止其遭到破坏。因此在开发建设过程中,应坚持“保护为先,保护与开发并重”的原则,避免盲目扩建和重复建设,坚持走可持续发展之路,实现经济效益与社会效益的双丰收。

二是坚持旅游产业与文化产业有机融合。随着人们精神文化需求的日益增长,旅游产业和文化产业融合发展逐步迈入了一个全新的阶段。如何从人才培养、资金扶持、体制机制保障等方面为其快速发展创造有利条件,着力推动旅游产业与文化产业融合发展,实现转型升级,全面提升产业素质,培育新的经济增长点,成为当前发展所面临的一项重要任务。我们要充分利用各方面的资源优势,高起点规划、高标准建设,精心打造既能充分展示宁夏自然美景,又能突显宁夏地方文化的旅游项目,推动宁夏文化旅游产业进一步发展。因此,积极推动旅游产业与文化产业融合发展,是不断提升宁夏文化软实力、加强黄河金岸文化旅游产业发展的客观要求。

三是坚持政府推动与市场导向相结合。在宁夏黄河金岸影视文化旅游产业的开发建设过程中,一定要坚持以旅游市场需求为主导、以统一协调开发为重点、以旅游资源为依托的市场导向原则,防止出现因盲目开发建设而造成的重复投资、项目“打擂台”等问题。因此,在开发中必须深入开展市场需求调查和分析,系统掌握客源市场需求,科学预判发展趋势,并根据市场的实际需求,深入挖掘资源,开发建设能够充分满足游客吃、住、行、游、购、娱需要的旅游项目,把宁夏黄河金岸打造成既能充分体现宁夏文化特色,又具有广阔发展空间的影视文化旅游展示带。

四是坚持特色与重点相结合。差异化在市场竞争中具有重要作用,文化旅游产业开发应充分发挥其特色文化优势,注重历史文化传统及自然资源的特点,开发特色产品、特色项目,打造黄河金岸文化旅游产业精品,抓住游客的"眼球",提供个性化的优质服务。

五是坚持政府投入与社会投资、融资相结合。文化旅游产业是一项高投入、高产出、高效益的产业,特别是在开发初期,旅游资源开发、基础设施建设、旅游市场开拓等方面的资金投入较大,必须拓宽投资、融资渠道,建立文化旅游开发资金筹措的机制,形成国家、部门、地方、集体、外资、个人的多渠道投资机制,加大文化旅游产业开发的资金投入,拓宽文化旅游开发的资金来源。

(三)深挖旅游资源文化内涵,打造具有宁夏特色的文化旅游产品

鲜明的文化特征和深厚的文化内涵是文化旅游产品的核心竞争力。黄河金岸文化旅游产业的开发建设应立足地方特色,深挖文化内涵,建立以多重社会、经济效益为目标的开发模式,将特色文化贯穿其中,形成黄河金岸特色文化旅游精品展示主线。

一是大漠生态文化旅游。借助独一无二的沙漠旅游资源,开发建设一批沙漠旅游项目,着力打造"宁夏归来不看沙"的旅游品牌。二是黄河文化旅游。依托优质的黄河文化旅游资源,将金沙湾、青铜峡一百零八塔、青铜峡古镇、金水度假村、中华黄河坛、黄河大峡谷、沙坡头等一线沿黄景区连接成为一条文化旅游展示带,开展黄河夜游等独具特色的文化旅游项目,提升宁夏黄河金岸文化旅游产业的知名度。三是影视文化旅游。基于得天独厚的"盆景式"自然景观和历史人文旅游资源,黄河金岸文化旅游景区可在条件具备的情况下重点打造体现宁夏地域文化特色的多功能影城小镇,在影城核心区建立和完善影视购物中心、影视休闲吧、幕影院、3D 和 4D 影院影视特效体验棚、影视场景模拟馆等配套设施,将影视文化旅游与体验式住宿、观光休闲等功能融为一体,让游客在游览中感受影视文化带来的魅力。

(四)加强人才队伍建设,为文化旅游产业发展奠定坚实基础

文化旅游产业,人才也是核心竞争力。要想开发黄河金岸文化旅游产业,一定要把建设人才队伍作为基础工程来抓,做到人尽其才、才尽其用,夯实产业开发建设的人才基础。一是创新引进机制,改善人才结构。坚持从文化旅游产业开发需要出发,扩大选调范围,面向全国对高层次、急需人才实行定向引进,对特殊岗位采取短期或中长期聘用形式,多渠道引进短缺和急需人才。二是创新培养机制,提升人才素质。通过进修、在职学习、资格证年审等方式,不断提升文化

黄河金沙湾 (李鹏 / 摄)

旅游人才队伍的整体素质，通过与宁夏乃至全国大中专院校的合作，加强后备人才培养。三是创新激励机制，优化人才发展环境。建立系统、科学的人才评价体系，加强各类人员业绩考核，评估结果与单位考核奖励直接挂钩，激励优秀人才脱颖而出。四是要切实加强对具有创新潜力人才的培养和使用。创新是最大的生产力，实践表明，旅游行业依靠文化创意提升产业内涵，实现产品升级和打造核心竞争力。黄河金岸文化旅游产业的开发只有积极吸收文化创意产业的发展成果，提升旅游产品内涵，才能从根本上提升旅游产业的文化内涵和产品层次。因此，我们要着力引进、培养和使用具有文化创意的专业人才，在文化旅游产业开发与建设过程中注入更多高水准的创意，使黄河金岸成为文化创意旅游产业的新亮点。

(五)创新宣传方式，提升黄河金岸文化旅游资源的知名度和美誉度

黄河金岸文化旅游产业的开发涉及旅游、文化、林业、交通、环保等诸多行业和领域，要进一步拓宽合作领域，精心策划，创新形式，全方位、多层次地开展对外宣传与推介。一是发挥政府的引导作用。加强政府对外宣传工作的协调和引导作用，凝聚各部门力量，充分发挥各自优势，提升对外宣传水平，扩大宣传与推介效果。二是统一包装，整体推介。坚决避免在对外宣传与推介中各景点各自为政、单打独斗，要由政府牵头，认真研究，精心策划，深入挖掘黄河金岸文化旅游资源，统一包装，集中宣传，切实增强宣传与推介效果。三是重点做好网络宣传与推介。黄河金岸文化旅游的宣传与推介一定要适应网络发展的潮流，要利用科技手段，推进文化旅游产业的信息化建设。通过建立宽带网、门户网站、视频媒体网站、旅游微博等方式，开展线上媒体宣传促销，与全国知名综合网站、精品旅游网站链接，实现文化旅游网络化，提升宁夏黄河金岸文化旅游的知名度。四是进一步丰富宣传、推介的内容。宣传、推介工作要采取多种形式和手段，通过电视、电影、风光影片、歌舞、摄影作品等展示黄河金岸特色文化，将文艺创作与当地景观和人民群众的生活密切结合,推出具有宁夏地域特色的文艺精品,达到宣传与推介的效果。

参考文献:

[1]马术梅. 宁夏打造独具特色文化旅游目的地基本思路[J]. 科技创业,2015(21).

[2]华萍. 河南文化旅游产业发展现状及路径研究[J]. 商业经济,2014(4).

[3]朱江瑞. 宁夏文化旅游与文化产业融合发展探析[J]. 宁夏社会科学,2011(6).

[4]朱虹. 论发展江西文化旅游产业的战略思考[J]. 江西财经大学学报,2013(4).

[5]陈太政,陈准,王吉祥,等. 中原经济区建设背景下河南文化旅游产业融合发展研究[J]. 河南大学学报:自然科学版,2013(3).

[6]安薇娜,贯泽华. 山西文化旅游产业争力提升路径研究[J]. 宏观经济管理,2014(9).

(此文原刊于《宁夏大学学报》(人文社会科学版),2016 年 5 月第 38 卷第 3 期。)

(朱江瑞,宁夏大学人文学院副教授,主要从事旅游文化研究。)

黄河文化的实践应用及创新研究

——以宁夏盐池“游九曲”为例

◎ 者莘雅

摘　要:盐池县位于宁夏东部,陕西、甘肃、宁夏、内蒙古四省区七县交界处,处于河套平原的南端,是游牧文化与农耕文化的交汇区。盐池依托黄河文化保护传承,形成独具特色的宁夏盐池“游九曲”非遗民俗文化。本文通过查阅历史文献、实地走访调研等方式,深刻阐释黄河文化对盐池的重大影响,黄河文化在盐池的实践应用及创新,呈现出“游九曲”民俗文化的价值意义。“游九曲”成为盐池最鲜明的特色文化亮点,也是盐池文化旅游响亮的名片。

关键词:黄河文化(宁夏境内);盐池;游九曲

盐池县地处陕西、甘肃、宁夏、内蒙古四省区交界,辖 4 乡 4 镇 1 个街道办事处,总人口 17.2 万人,县内具有深厚的文化底蕴和丰富的旅游资源。近年来,盐池县依托黄河文化保护传承,以全域旅游示范区创建为抓手,大力发展文化旅游事业,成功探索出了黄河文化在盐池的实践路径,为盐池文化旅游协同发展奠定了基础。

一、黄河文化与盐池的历史渊源

盐池县内没有一条河流,但盐池县的生态环境、群众生活习性等却与黄河文化有着源远流长、密不可分的关系。《史记·秦始皇本纪》记载:“三十三年,……西北斥逐匈奴。自榆中并河以东,属之阴山,以为四十四县,城河上为塞。”即秦时期,蒙恬北逐匈奴,取河南地(河套黄河以南地区,包括今盐池),筑44县之后,迁徙来了一批谪戍之民居住。汉武帝时期,国力强盛,击匈奴于河南地之外。《资治通鉴·汉纪十一》记载:“乃分徙降者边五郡故塞外,而皆在河南(黄河南)”,此时的盐池即在这沿边五郡中。后为划分行政区属,在原来煦衍戎耕牧的地方设立了煦衍县,隶属于北地郡,县址为今盐池县花马池镇张家场自然村。东汉时,撤销煦衍县行政建制,其地仍隶属于北地郡。因此,《汉书·地理志》记载:“煦衍县西汉有,东汉无。”三国时期至北魏、北周,中国北方进入到多民族发展时期,盐池一带也成为汉族和少数民族杂居地,不仅有匈奴、羌,还有羯、氐、鲜卑等。这些少数民族为建立自己的政权展开了长期的割据之战,盐池成为必经之地。唐高宗时期盐池属六胡州之内,现今可在花马池镇苏步井村硝池子自然村看到唐时期相关文化遗存。明朝有三道长城从盐池草原穿境而过,其中两道即河东墙和深沟高垒在盐池草原北部,是明朝抵挡和防御北方鞑靼族的重要军事设施。这两道长城与黄河有着最亲密的关系。一是河东墙的西头就在黄河东岸,它起止黄河穿过盐池草原,建起57年后因不堪风沙侵蚀而坍塌,三边总督王琼又奏请朝廷新修了深沟高

盐池长城 (李鹏/摄)

垒。二是这两道长城虽然在河套地区的南端,但它的附属设施如烽堠向外辐射至河套地区的腹地,烽堠与长城一同构成的军事防御体系保护着黄河南岸地区。

1987 年经国家批准兴建陕甘宁盐环定扬黄工程，于 1988 年 8 月动工，1996 年 9 月工程竣工。盐池扬黄灌区位于盐池中部，渠道从南到北流经惠安堡、冯记沟、青山、王乐井、花马池 5 个乡镇,共开发灌区 36 片,灌溉面积 19.6 万亩;工程共建成干、支、斗、农四级混凝土渠道 4737 条 2560 公里;建成专用泵站 4 座(经更新改造将三道井、旺四滩两泵站合并),即三道井、旺四滩、狼布掌、李家坝泵站;建成输水隧洞两座,长 4.46 公里;输水渡槽两座,长 1.2 公里;灌区平均提水扬程为 430 米。在灌区开发中,已分期安排受益农户 14350 户 66185 人。后期生态移民陆续安置人口 7883 人。截至 2016 年,全县 17 万人全部用上了黄河水。灌区开发建设后,社会效益、经济效益和生态效益取得了明显成效。盐池依托灌区进行了大规模的生态治理,通过生态移民,草原植被得到恢复,绿地面积逐年扩大,有效地遏制了土壤沙化和水土流失,农民生产条件和群众居住环境大为改善。迁出地的苏步井地区生态环境也实现了历史性的恢复,全县生态状况有了极大改观,为盐池县的脱贫富民和乡村振兴奠定了坚实的基础。

二、黄河文化在盐池的传承及实践应用

黄河水在养育盐池人的同时,将古老的“游九曲”文化也传到了盐池县。

“游九曲” 民俗文化活动主要分布在鄂尔多斯台地向黄土高原过渡地带的宁夏盐池县的各个乡镇以及各村、社区(街道),并以此为中心,辐射陕、甘、晋等黄河流域一带地区,如陕西榆林市、米脂县、定边县等。传承与使用群体主要以汉族为主,逐步带动蒙古族、回族等少数民族参与,分布区域广,辐射范围大,群众参与热情度高，是民间自发形成的一种大型群体性民俗文化活动。“九曲黄河阵灯会”取自黄河九曲十八弯九折九回之意,是人们祈求平安幸福的场所,也是当地人们和谐、文明、富裕生活的缩影。曲中无直,但人生曲中有直,无曲便

无直,曲中以求直,畅游可感悟人生九意:福、禄、寿、喜、吉、祥、安、康、顺。

“游九曲”最早起源于军事,运用于祀神,属于一种民俗性活动,人们祈求在新的一年驱逐邪魔,消灾免难,获得安宁健康。明洪武年间,中国西北开始了大移民,密云共移来山西移民35个屯,古老的“黄河阵灯会”也因移民,逐步经陕西传到了盐池县。据《帝京景物略》记载:“正月十一日至十六日,乡村人缚秸作棚,周悬杂灯,门径曲折,藏三四里,入者如不得径,即久迷不出,曰‘黄河九曲阵’也。”由此可见,明朝“九曲”活动在民间已很盛行。后因生活环境条件等原因,“游九曲”民俗文化活动在盐池县逐渐被群众淡化,只有少数地区偶尔在节庆时搭建“九曲龙门阵”游玩。清咸丰年间盐池青山乡人李万保娶了陕北米脂县艾姓女子,经常参加陕北米脂县的“游九曲”活动,并将“游九曲”民俗文化活动带回了盐池。至光绪年间李万保之子李文章结合盐池县当地“游九曲”的特点,自己绘图并学会了搭建“九曲龙门阵”。1910年春节,15岁的李文章用玉米秸秆扎建了自己的第一个“九曲龙门阵”供村民们游转,新的“游九曲”民俗文化活动重新走进了盐池县群众的视野,在民间逐步活跃起来。1993年春节,李文章之孙李振荣在盐池县城内搭建了大型“九曲龙门阵”,时年参与人达数万人,影响深远,深受群众喜爱。自此,盐池县每年在元宵节都会搭建大型的“九曲龙门阵”供群众游玩,“游九曲”成为盐池官方和民间最大的民俗文化活动。

九曲龙门阵

2015年12月,“游九曲”被公布为自治区级非物质文化遗产项目。2017年,为有效保护传承发扬“游九曲”,深入挖掘“游九曲”历史文化根源,由县级文化部门提出了建设“九曲民俗文化园”的建议。2018年,投资

2500余万元建成占地面积24316平方米的“九曲民俗文化园”，把古老的黄河文明、悠久的边塞文化、独特的民俗风情融为一体，展现在宁夏的东大门，成为盐池县文化旅游响亮的名片。仅2019年春节期间就吸引了全国各地50余万人前来游玩，既解决了临时性民俗文化活动所带来的不便，又让“游九曲”非物质文化遗产项目有了传承基地。2020年，集盐池县长城关、花马池古城墙、九曲民俗文化园的盐州古城历史文化旅游区被公布为国家4A级旅游景区，成为盐池文化旅游协同发展的亮点。

三、黄河文化在盐池的创新与发展

“游九曲”是盐池特有的文化象征符号，文旅协同发展的体现，它由最初的民间自娱自乐，演变成现在规模宏大的群体性游艺项目，群众参与度高，传承性强。“在继承的基础上对原有艺术的发扬光大，其最终目的，是为了让人民群众喜闻乐见的‘九曲黄河阵’能够再次走进民间的街头巷尾，能够让传统文化在现代社会中得到继承与发扬。”为了更好地传承与发展“游九曲”，盐池县将“游九曲”项目保护工作作为政府重要工作之一，确定县级文化部门作为具体保护单位，并多次邀请专家就“游九曲”非物质文化遗产项目的深度挖掘、传承、发展等进行研讨，制定科学合理的保护计划。通过有效保护工作的开展，使“游九曲”非物质文化遗产项目重新活了起来，并且日趋发展壮大，参与群众越来越多，引导广大群众崇德向善、积极进取，让群众对幸福生活的向往有了寄托的载体。近几年，依托“游九曲”的实践应用，盐池县以各类大型活动为载体，加大“游九曲”非物质文化遗产项目宣传力度，让更多的群众了解传统文化的魅力，激发年轻人学习传统技艺的积极性，进一步提升“九曲民俗文化园”的社会影响力和社会效益，让更多的人民群众在“游九曲”的过程中深入体验黄河文化熏陶下中华优秀传统文化的魅力，让文化遗产看得见，活起来。

盐池县“游九曲”项目受到两省(陕西、宁夏)影响，但在其传承和演变的过

"游九曲"

程中展现出深厚的地域文化特色,也在后人的弘扬发展中不断创新,突显出强大的文化潜力,讲述着富有魅力的盐池故事,成为盐池文化旅游璀璨的明珠。正如习近平总书记在黄河流域生态保护和高质量发展座谈会上指出:"深入挖掘黄河文化蕴含的时代价值,讲好'黄河故事',延续历史文脉,坚定文化自信,为实现中华民族伟大复兴的中国梦凝聚精神力量。"

参考文献:

[1]司马迁.史记·秦始皇本纪[M].北京:中华书局,2007.

[2]班固.汉书·地理志[M].颜师古,译.北京:中华书局,1962.

[3]司马光.资治通鉴·汉纪十一[M].胡三省,注.北京:中华书局,1976.

[4]刘侗,于奕正.帝京景物略[M].北京:北京古籍出版社,1980.

[5]中共庆阳市委党史工作办公室.中国共产党庆阳历史:第一卷(1921-1949)[M].北京:中共党史出版社,2012.

[6]刘国君.盐池县非物质文化遗产图谱[M].银川:宁夏人民出版社,2014.

[7]王芳,李少婷.浅谈"九曲黄河"中传统队形的传承与发展——以《灯舞》为例[J].北方音乐,2019(05).

[8]霍掖红.九曲黄河灯阵的文化内涵与传承保护研究[J].戏剧之家,2019(25).

[9]王乃岳.深入挖掘黄河文化的时代价值[J].水与社会,2020(05).

(者莘雅,就职于宁夏吴忠市盐池县文化旅游广电局,主要从事群众文化活动的管理。)

试析博物馆在弘扬黄河文化中的地位与作用

——以宁夏固原博物馆为例

◎ 张 强

摘 要：黄河流域是中华民族的重要发祥地。黄河支流清水河和渭河支流泾河、葫芦河均发源于黄河中上游宁夏固原地区的六盘山区，其所形成的独特地域历史文化是黄河文化，更是多元一体的中华文化不可或缺的有机组成部分。宁夏固原博物馆作为宁夏南部地区唯一的国家一级博物馆，丰富的馆藏是固原悠久历史文化的见证。如何保护、传承和弘扬好黄河文化是博物馆当前面临的重要课题。

关键词：黄河文化；固原博物馆

黄河是中华民族的母亲河，不仅孕育了中华民族，还孕育了中华文明中根植于黄河流域的最具代表性、最具影响力的黄河文化。习近平总书记指出，要推进黄河文化遗产的系统保护，深入挖掘黄河文化蕴含的时代价值，讲好“黄河故事”，延续历史文脉，坚定文化自信，为实现中华民族伟大复兴的中国梦凝聚精神力量。保护、传承和弘扬黄河文化对于弘扬中华文明，实现“两个一百年”奋斗目标，实现中华民族伟大复兴的中国梦具有时代价值和深远的历史意义。

宁夏固原博物馆

黄河流域是中华文明的重要发祥地，也是中国早期文化形态的主要诞生地。地处黄河中上游的宁夏固原市，是黄河支流清水河和渭河支流泾河、葫芦河的发源地，形成的独特历史文化是黄河文化，更是多元一体的中华文化不可或缺的有机组成部分。固原博物馆收藏着以宁夏南部考古发掘为主的各个历史时期的文物2万余件，风格独特、精品荟萃，是固原悠久历史文化的浓缩见证。保护、传承和弘扬黄河文化，博物馆义不容辞。博物馆就是要“让收藏在博物馆里的文物、陈列在广阔大地上的遗产、书写在古籍里的文字都活起来”。

一、固原文化特点

固原地区是黄河流域早期人类活动地区之一。在漫长的历史长河中，固原地区由于地理位置重要，各民族在历史舞台上驰骋，形成了农耕文化、丝绸之路文化、边塞军旅文化等，使固原地区的文化积淀丰厚、民族特色鲜明，人文资源、文化资源以及民间文化更具有多样性。20世纪30年代，固原地区有杨氏泥塑等国家、自治区、市级非物质文化遗产保护项目78个，国家、自治区、市级非物质文化遗产传承人104名。固原所处特殊的地理位置，使之成为游牧文化与农耕文化、中原文化与西域文化的交汇地，成为多元交融、博大精深、源远流长而又多元一体中华文

杨氏彩塑 （田鸿亮／摄）

化的缩影。

二、做好文物保护工作，守护黄河文化的"根"

文物承载灿烂文明，传承历史文化，维系民族精神，是老祖宗留给我们的宝贵遗产，是加强社会主义精神文明建设的深厚滋养。博物馆作为享有独特历史文物资源的部门，其馆藏文物就是一个国家或地方历史繁荣的见证和载体，再现的是一个国家或地方各个历史阶段的经历和文明进程。所以，博物馆要让文物活起来，讲好其背后的故事。弘扬好文物包含的黄河文化，首要是保护好文物本体，这是弘扬文物文化价值的前提和基础。

首先，要打造一支具有工匠精神的文物保护队伍。做好文物保护工作要有"板凳要坐十年冷"的奉献精神和定力。所以，文物保护工作想要获得显著的发展，与文物保护队伍有着重要的关系。要选拔一批热爱文物保护事业的人员进入文物保护队伍，加大业务方面的培训力度，使工作人员能够掌握文物保护的专业知识。做好关心关爱工作，及时解决他们工作生活中遇到的困难和问题，保护他们的工作积极性，使他们愿意为文物保护事业付出，并为之奋斗。

其次，要利用现代科技手段提升文物保护工作水平。文物在历史的长河中，受到自身因素以及外界因素的共同作用，极易出现毁损。诸多破坏性因素中自然环境的影响十分重大，在相关文物保护工作的实施中，应当针对自然环境影响因素加强干预力度。充分利用温湿度控制和文物本体检测设备，加强对文物保护环境及文物本体的日常检测，及时发现并解决环境对文物的影响及文物本体病害。加强对文物档案的管理，使文物档案管理趋于现代化、信息化，提高文物保护的安全性，避免文物档案在管理中出现安全问题。

最后，要加大对文物保护的资金投入。文物保护工作的顺利实施，特别是现代科学技术手段的实施，需要有效的资金投入。政府在对文物保护相关工作进行经费支持的同时，应当将其纳入财政预算开支的重要一部分，并应当根据国家以及地方政府财政收入的增长，将文物保护的使用经费适当提高，为文物安全保驾护航，把承载着沿黄地区人民共同历史记忆的文物保护好，为传承黄河文化打下坚实的基础。

三、讲好文物故事，弘扬黄河文化的“魂”

博物馆要加强对黄河流域相关文物的研究，探寻文物所蕴含的历史文化信息，科学严谨地诠释和解读文物，阐明时代精神和当代价值。通过主办形式多样的展览，开展丰富多彩的社会教育，让公众了解和走近黄河文化，进而推动黄河文化科学化、大众化传播。对此，固原博物馆主要从以下几方面来开展工作。

（一）打造基本陈列

2016 年，固原博物馆打造的基本陈列《千年固原 丝路华章》，精选固原出土的 2280 件（组）文物，展现了从新石器时代到明清时期 5000 多年的发展历史。展览将固原通史与丝路主题有机结合，将考古发现与文献记载互为印证，充分反映了古代固原历史发展的脉络，使丝绸之路在固原的发展轨迹有了多方位、多角度的展现，固原历史文化呈现的多样性、地域性和民族性得以突显。该展览荣获 2016 年度全国博物馆十大精品展览第一名。

（二）打响“红色固原”名片

宁夏固原博物馆以韩练成将军亲属捐赠的 117 件文物和图版打造了《隐形将军韩练成》专题展，生动再现了韩练成将军传奇的一生，阐释了这位“隐形人”坚定的信念、执着的追求，运筹帷幄的睿智和淡泊名利、功成身退的高尚品德。通过内引外联，举办了《红军长征在固原——纪念工农红军长征胜利 80 周年》《红心铸国魂——福建革命历史图片展》《红心铸闽魂——福建革命历史图片展》《红色中国——革命文物图片展》等革命题材类展览，吸引了更多游客走进固原博物馆，使“红色固原”这张名片更加亮丽。

（三）根据需求推出和引进外展

2016—2019年，固原博物馆先后引进“走进西域——新疆丝绸之路文物精品展”“范金琢玉——耀州窑历代陶瓷珍品展”“生命的华彩——徐悲鸿画展”“全区首届群众书法绘画摄影大赛优秀作品固原展”“王莹 宋坤绘画展” 等展览。同时，结合固原区域文化和固原博物馆馆藏文物特点举办展览。固原自古文化底蕴深厚，历代文人辈出，当代“西海固文学现象”更是引人注目，西吉县、隆德县分别获得中国“文学之乡”“书法之乡”美誉。为弘扬固原历史文化，自办了 “时光掠影 记忆固原——固原老照片展”“隆德县农民书画展”“固原非遗剪纸展”等；推出了“胡风东来——宁夏固原丝绸之路文物精品展”在山西晋祠博物馆展出；推出“青铜之路——固原春秋战国北方青铜文化特展”，赴常州市博物馆、福建省闽台缘博物馆、中国文字博物馆、新疆维吾尔自治区博物馆、苏州园林博物馆、上海嘉定博物馆等12地巡展。“青铜之路——固原春秋战国北方青铜文化特展”“时光掠影 记忆固原——固原老照片展”分别获得了2016年和2019年国家文物局“弘扬优秀传统文化、培育社会主义核心价值观” 主题展览推介项目。这些展览不仅丰富了当地人的文化生活，满足了观众需要，也将固原特有的文化传播出去，为宣传固原、宣传宁夏，促进当地文化传播和经济社会发展发挥了应有的作用。

（四）策划开展宣教活动

一是结合春节、元宵节、清明节、端午节、中秋节等传统节日，策划开展了“博物馆里找生肖”“鸡年说鸡故事会”“金猪贺岁·巧手剪春”“博物馆里闹元宵”“小小灯笼DIY”“粽情端午·传承文明”“博物馆奇妙夜”“汉字——中华优秀传统文化的载体宣讲课”“三十六个字”动画放映、“奇妙的汉字”活字印刷体验等互动体验活动，让青少年在实践的过程中了解中国传统文化习俗、感受传统文化魅力。

二是为丰富广大青少年暑期活动,使更多的青少年走进博物馆,增长文物知识,锻炼语言表达能力。针对7~15岁青少年组织开展“暑期小小讲解员”活动。活动为期20天,每期招收小小讲解员近40名,通过展厅观摩、专题培训、实地演练、现场讲解、外出缅怀革命先烈和陶艺、拓片体验等,让孩子们了解家乡的文化,增强了他们的自豪感和自信心。

三是充分利用“五进”活动,流动展览走进基层。结合固原历史和固原博物馆重点文物制作了系列宣讲课件,分别有《国之瑰宝在固原》《辉煌的固原古城》《丝路使者 昭武九姓》《文物中的孝子故事》和《隐形将军韩练成》等,以宣讲课和展板讲解等形式,走进宁夏师范学院美术学院、东海宋家巷社区、驻固原部队等。利用乡镇集日,先后赴原州区寨科乡、张易镇、西吉县什字乡、泾源县泾河源镇、彭阳县古城镇、隆德县观堡乡等乡镇宣传,提升学生、职工、部队官兵及农民群众的文化素养。

四是面向青少年开展富有地方特色的研学活动。固原博物馆是全国中小学生研学旅游基地。为充分发挥基地作用,2019年博物馆联合固原市教育体育局在部分中小学生中开展了陶艺、拓片体验、丝绸之路户外体验和重走长征路等研学实践教育活动,有近3000名中小学生参与了活动。学生通过参与研学旅行达到开阔眼界、增长知识、提高动手能力的目的,并且增强了学生的集体意识、团结互助意识、环境保护意识,增进他们热爱家乡、热爱祖国的情怀。

总的来说,博物馆对弘扬黄河文化的积极影响是不容置疑的,但关于博物馆如何结合自身及所在地域文化的特点更加系统、科学、有效地弘扬黄河文化的讨论仅仅才是开始,还有很长的路要走。

(张强,固原博物馆副馆长,副研究馆员,主要从事博物馆管理、地方史及地方民俗研究。)

后　记

《黄河文化研究》(第二辑)是在宁夏回族自治区文化和旅游厅各级领导的关心和支持下，在宁夏回族自治区民族艺术研究所全体研究人员共同的努力及各界同仁的帮助下,以2020年举办的第二十二届宁夏文化艺术和旅游论文研讨会为基础,紧紧围绕“挖掘弘扬黄河文化 助力发展全域旅游”的征集主题，历经半年的时间，在近百篇参评论文中筛选出了以黄河文化为研究对象的18篇优秀论文，并精选区内专家学者已有的7篇关于黄河文化的重要研究成果汇集而成。其内容涵盖了黄河文化的基础研究、综合研究和应用研究,力求为进一步研究黄河文化提供智力支持和理论支撑,增加可供借鉴的实践指导。

本书的顺利定稿,要感谢供稿的每位作者和提供照片的李鹏、田鸿亮二位专家,同时感谢邓娜对书稿的整理汇编。由于时间和能力有限,书中难免有所不足,希望广大读者提出宝贵的意见和建议,便于我们不断完善和提高。

编　者

2021年8月